生活在民國的十里洋場

上海鱗爪

「風俗篇」

郁慕俠——原著
蔡登山——主編

【導讀】郁慕俠和他眼中的老上海風華

蔡登山

郁慕俠（一八八二年—一九六六年）別名平章，上海青浦人。上海龍門書院和江陰南菁書院肄業，上海師範講習所卒業，晚清秀才。入民國後，曾任求實小學、龍門附小等校教員，一九一三年進入報界，先後供職《時事新報》當校對員，為漢口《武漢商報》、北京《益世報》、北京《晨報》等報館的通訊員。一九四七年任上海市銀樓業公會秘書，一九五二年任上海文物保管委員會編纂，一九六一年受聘為上海市文史館館員。著有《上海鱗爪》、《慕俠散文集》等。編有《格言叢輯》、《慕俠叢纂》等。

寫上海老掌故的，最著名的有陳定山的《春申舊聞》、《春申續聞》。「春申」乃是指老上海，因戰國時代它是楚國春申君之封地，《春申舊聞》、《春申續聞》意思即是「老上海的風華往事」。陳定山從父輩起，便長居滬上，嫻熟上海灘中外掌故逸聞，他好京崑、工於書畫，又交遊廣闊，結識了老上海許多社會名流，目睹耳聞了老上海灘名流們的過往，故對老上海往事爛熟於胸，如老上海人如何過新年、吃西餐，或是「狀元女婿」指的是誰？「賭國詩人」又是何方神聖？他將老上海都會的人生戲幕，上至士紳名流、高官顯要，下及販夫走卒、戲子娼妓，一齣齣引人入勝的老上海風華放映在紙頁上。一代人事興廢，古今梨園傳奇，信手拈來，皆成文章，乃開筆記小說之新局，老少咸宜，雅俗共賞。

而郁慕俠的《上海鱗爪》顯然寫作的時間要更早，他請到名小說家兼實業家天虛我生（陳蝶仙），也就是陳定山的父親來寫序。陳蝶仙在序中云：「上海社會情形，誠所謂五花八門，千妖百怪，無奇不有。此書雖然不過緊緊披露一鱗半爪，然而窺豹一斑，亦足以引起注意，使人有所認識。」書中所談的上海社會是指二、三〇年代，而不同於《春申舊聞》的是寫到更多庶民的日常生活，包括食、衣、住、行、育、樂種種方面，至於煙賭娼匪更是多所記載。它成了研究當年上海生活史不可或缺的珍貴材料。

例如談到老上海有著一個傳言：「要看上海灘最摩登漂亮的小姐們，只要每個禮拜天上午到億定盤路中西女塾的大門口去等著。」當時在上海剛剛興起的女子學堂就好比如今的高檔會所，聚集於此的女學生們大多都是家境殷實的小姐，張愛玲在〈談女人〉一文中曾經提及，「一九三〇年間的女學生人手一冊《玲瓏》雜誌」，雜誌為女學生們提供最時髦的服裝樣式、最新的電影資訊、最流行的英文歌曲譜；而女學生們還成為雜誌內容的真人廣告。

對於摩登女郎，《上海鱗爪》有過較詳細的描寫：「現在最摩登的新女子，衣服尺寸越窄小越美觀。到了夏秋，只穿了一襲薄薄的短旗袍，袖口又短，不但露臂，竟是露肘，把她一雙臂肉完全顯露。又穿短褲和肉色絲襪，驟見之兩腿膀幾與雙臂一樣，走起路來扭扭捏捏，她的尊臀也一聳一凸的。總之這種形狀如叫思想陳腐的人瞧了，莫不斥為怪物；在軋時髦人見之，愈讚美她的全部曲線美的豐富了。」

另外《上海鱗爪》書中說，上海裁製衣裳的工匠，普通的是蘇幫、廣幫、紅幫；另外又有一種女裁縫，並不設店，而是上門幹活，主人供給飯食，一塊錢四個工。其所做活兒，大抵是布服、童裝，倘使是綢緞、毛皮，她們就要敬謝不敏。關於縫窮婆，《上海鱗爪》寫道：「縫窮一業，大半是江北籍婦人充之。她們臂膊上挽了一隻竹籃和一隻小凳子，籃中放著剪刀、竹尺、線團和碎布之類，在路上走來走去的兜攬生意。她們的主要營業是替人縫襪底、做脫線和補綴衣服上的破洞眼。」又云：「店家的夥友、廠中的工友與商鋪中的學徒，因為妻室和家長不在上海，故縫襪底和補衣服等工作都要叫縫窮去做，因此縫窮的生意也很好。至於『縫窮』兩字的解釋，是專門替代窮人做工，故名『縫窮』。」

二、三〇年代之際，當時「洋」代表著一種時髦、一種潮流，國人尤其是有錢人對於「洋玩意兒」偏愛有加，有的甚至到了迷信的程度。《上海鱗爪》書中說：「叫起人來，滿口『密斯忒』、『密斯』；寫中國字，必喜橫寫；吃食水果，也要吃外國貨；

生病吃藥，也要購外國藥；連斷了氣直了腳，也要睏一口外國的玻璃棺材，才覺心滿意足。」對這股洋化的風潮狠狠地做出嘲諷。

郁慕俠描述，民國初年，大上海的電線桿上貼著諸多小廣告，也會夾雜出現「馬路如虎口，當中不可走」的警示語。雖然那時候已經在馬路兩邊開闢了一種專為人步行的道路，叫做「水門汀路」，奈何百年前的上海人和現代人一樣，常常喜歡在馬路當中踱方步，穿過馬路時也不左右張望，而是直刺刺地急衝過去。一旦碰上汽車疾駛而過，來不及剎車，往往會釀成慘案。當時上海已經有紅綠燈，雖然沒有專門的交警，但也有疏通交通的警捕。

《上海鱗爪》有一篇文章〈一席菜值三百元〉說：「常言說得好：『生在蘇州，穿在杭州，吃在廣州，死在柳州。』因為廣東人對於別的問題都滿不在乎，唯獨對於吃的問題，是非常華貴、非常考究，一席酒菜值到幾百塊，一碗魚翅值到二十塊以上，在廣東人看來很平常稀鬆的事，以故『吃在廣州』一句俗語，早已膾炙於人口了。」但是，誰都沒有否認，貴的背後，其實是更好，郁慕俠自己就作了說明：「據說這種奢侈豪貴的菜肴……原料是摒除豬羊雞鴨常見的肉類，都用山珍海味、奇禽異獸等貴重之品，價值越大，選用的原料也越貴。」

據平襟亞〈舊上海的娼妓〉：「『野雞』：凡屬蹤跡無定，臨時性的妓女，通稱『野雞』，在人行道口拉客。」而胡祖德《滬諺外編》：「『野雞』：滬妓下等者之稱，引申其義，凡營業之無行無幫，無統系者，皆為野雞。如野雞挑夫，野雞東洋車，野雞輪船皆是。」但若把野雞說得生動傳神者要算郁慕俠的《上海鱗爪》：「海上之三等娼妓，亦猶平津之下處，然一般群眾口中不稱『下處』，都呼『野雞』（即雉妓），此與平津不同。按雞為禽類，在家豢養的曰家雞，在郊野中自由生活的曰野雞，毛羽較家雞尤美麗，性喜翱翔，嘗四山覓食，行止靡定。今人稱此類娼妓為『野雞』者，因外表服飾之鮮華，其美相若；而深宵傍晚往往徜徉路旁或往返茶室間，川流不息，厥狀甚忙，似和在山陬荒僻中天然之野雞相類。此所以呼三等娼妓為『野雞』，義即指此。」類似「野雞」的，還有如「十三點」、「吃豆腐」、「賣相」、「虛頭」等等當時流行的詞彙，更是研究滬語的流變不可多得的材料。

玲瓏

序

上海社會情形，誠所謂五花八門，千妖百怪，無奇不有。此書雖然不過緊緊披露一鱗半爪，然而窺豹一斑，亦足以引起注意，使人有所認識。大抵一般青年，涉足於社會之初，往往受環境支配，身心不由自主。既無知人之明，近墨近朱，罔知所擇，而是非之觀念，亦且混淆於眾咻之間。於是魑魅魍魎，得以施其伎倆，推而納之陷阱之中

上海石庫門老房子

不復能自振撥者，比比然也。郁君慕俠嘗著《格言叢輯》，一欲以正人心為主旨。曩在軍閥時代，猶且人手一編，由軍事長官散給予士卒，頗風行於一時，故其續編乃至二十集之多。今雖已置高閣，但其宗旨不變，故又撰纂是書，將使茶餘酒後之談，借作千秋之鑒。蓋其所舉之事，縱為瑣碎，亦必寓以勸懲；而於成功人之歷史，則多敘述其締造之艱難，用以鼓勵青年，一革其消極悲觀之念，是於世道人心誠可借為對症發藥。以視小說家言徒作空中樓閣引人興趣者，固不可同日語也。莊子有云：「大聲不入於里耳，《折楊》、《皇荂》，則嗑然而笑。」郁君此著，正取此旨，所謂卑之毋甚高論，其收效之速當在《格言叢輯》之上，可斷言也。

癸酉七夕天虛我生識於西湖息養社

目次

十日談
DECAMERON

禮拜六

十日談
DECAMERON

禮拜六

良友

十日談
DECAMERON

禮拜六

良友

上海人的過年忙

推行國曆，廢除陰曆，一剎那已二十四年了。自從國民政府定鼎金陵以來，又明令一律改用國曆，嚴行廢除陰曆，亦已七、八年了。不過民間狃於幾千年遞嬗下來的舊習慣，似不願意急急改革，且亦不能一律遵從，可見改革習慣是一件很不容易的事呢。

現在表面上雖已推行國曆，在實際上依然用舊曆為多數。到了國曆歲尾年頭，一點舉動也沒有，到了舊曆的歲尾年頭，大家當作一件大事情來幹它一下。習慣如此，行政方面也只好馬馬虎虎了。茲將歲尾年頭的種種事情，分

貼春聯

大掃除

段記在下面：

掃除

中國人懶惰脾氣，最為顯著。平日對於屋舍傢伙，都任其塵埃滿積，不加洗濯。到了年底，才手忙腳亂地除灰塵、洗地板、揩窗櫺、滌器具，忙得一團糟，名曰「大掃除」。

謝年

一年四季，靠天保佑。到了年腳邊，大魚大肉，紅燭高燒，香煙繚繞地舉行謝年，以答神庥。末了，還要大磕其響頭，大放其爆竹。這種舉動，除卻新式家庭和教會家庭外，差不

穿新衣

多都要來舉行一下。

祭祀

祭祀即祭祖宗，是子孫追遠之意。一年四時八節都要祭祀，不過年底祭祀，格外來得鄭重其事。這祭祀一節，除卻少數教會家庭外，家家都要虔誠地舉行。

結帳

商店和顧客往來交易，所有欠款，到了此時，須一律結束還清，不得再行拖欠，如果力不能還或有意規避，你縱能逃過此關，不過你以後的信用便要破產。故要面子的朋友，不論

放鞭炮

怎樣窘迫，也要竭力設法現款來還清，免使人家恥笑和失卻信用。商家和錢莊往來，如有透用款項，到了這個年關，必需要如數還清，明年才能繼續往來。倘使款項不還清，這爿店的信譽便要受人指摘，而且一傳十、十傳百的宣揚出去，說你窘態畢現，有些兒靠不住了。

燒香

中國人是著名的崇拜偶像，故庵觀廟宇遍地皆是。到了元旦那天，一般善男信女都洗好了澡，換好了衣服，一群一群地往南市城隍廟、南京路虹廟等處燒香，肩摩轂擊，擁擠不堪。又有燒頭香之玩意。什麼叫燒頭香呢？就是第一個人踏進廟裡，如果燒著頭香，視作一件非常榮幸的事，因為菩薩老爺鑒你虔誠，今年一年必特加保護你萬事如意，發財發福。但是你要燒頭香，他也要燒頭香，你能提早，他能搶先，到了現在越弄越早，竟在大除夕晚上十點鐘左右，已經要去燒元旦香了。瞧瞧他們的舉動，使人可發一笑。

拜年

從初一到十五這半個月以內，小輩對於長輩的拜年禮節極為鄭重，或行大禮（即叩頭），或行鞠躬，看各個人的處境而定。平輩第一回碰見，也須拱拱手，叫聲「恭喜發財」、「新年得意」等吉利話。一般摩登新人物，也有不拱手和說吉利話的，不過究屬少數。

娛樂

娛樂分兩種，一種是正當的娛樂，一種是不良的娛樂。人們因習俗難移，大半趨於不良的娛樂一途，平日間已浸潤其中，漫無限制，到了新年，更商輟於市、工輟於業的相率嬉遊，玩一個飽，費時損財，不遑計及。如果僅僅逛逛遊戲場、看看電影、聽聽平劇，已為難得，大多數均發狂般的從事嫖賭，豈不可歎（賭博尤為新年中最普遍的不良娛樂）。

茶包

每到新年，人們往親友家去拜年或探望，他們傭人泡了一盅蓋碗茶，茶蓋上放著二枚青果（即橄欖），說道：「請飲元寶茶。」客人臨去的時候，照例須給下紅紙裹的茶包一封。大約在半個月內，客人第一次進門，他們泡了元寶茶，必須發給茶包。茶包的數目約分三種，上等人家，大來大往，每包以一塊到五塊為止；中等人家，四毛小洋到一塊為止；頂起碼人家，至少二毛小洋，最普通以四毛小洋到一塊錢為多數。真正的闊老大亨，也有十塊、二十塊、五十塊的，不過這是一種例外的茶包了。

壓歲鈿

長輩對於小輩，概須給付壓歲鈿，數目不等，至少一塊，多則五塊、十塊、幾十塊，都無一定的。

紅燭高燒

一般迷信人們，除到各廟宇去燒香磕頭外，家中還要燃點大蠟燭，虔虔誠誠地磕一下響頭，名叫「敬天地」。這種人家的家裡，在新年幾天，家家戶戶都是紅燭高燒，香煙繚繞，過了元宵才告停止。

新年鑼鼓

十二月中旬起，耳膜內已可聽到敲年鑼鼓的聲浪，直要到元宵後才停鑼歇鼓。在這時候，吾們走在路上，常常聽到沒有節奏的鑼鼓聲音，吾們雖聽得厭煩，他們卻敲得上勁，你要避免也沒法避免。至於他們的用意，是要大家（指敲鑼鼓的一家而言）樂一樂的意思。

馬路小販

肩挑負販的小生意人，他們雖捐有照會，依照租界章程，平日不許停頓在路隅賣買，如果違章，被探捕瞧見，就要拘入捕房處罰。惟大除夕特弛禁一天以示寬大。故這天馬路的人行道上麇集許多小販，百貨雜陳，如水果、玩具、頭飾、鞋襪、花草等類，兜攬行人生意。

穿新衣服

新年幾天內的男女，不論老少，都要穿一套新製衣服，其意思是一歲開始作新當口，大家無妨換一換新衣，以示快活之意。故盡有平日間穿慣破衣服人，到了此時也要換上一換，而且不但衣服如是，其他鞋兒、帽兒、襪兒都要新一新。照常穿舊衣服人也未嘗沒有，不過是少數罷了。

接路頭

接路頭又名「接財神」。到了初四晚上，必要恭恭敬敬的接他一接，意謂這麼一來，財神爺爺鑒你虔誠，降福賜財，生意興隆，大得其利，定能如願以償。此種可笑的舉動，舊式商店大半舉行，門戶人家的主人翁也有奉行的。依照舊規，商店中的夥友，本年工作蟬聯和不蟬聯，也都於此夜定局。接路頭之先，擺好陳設，燃好香燭，首由經理先生跪拜，拜完從身畔取出預先寫好的紅紙一張，上列各夥友姓名，各夥友可依次拜跪。如果紅紙上沒有你的大名，即可免拜，而本年度職務也不蟬聯，等到明天捲舖蓋走路好了。

放鞭炮

關門放關門炮，開門放開門炮，謝年和接路頭都要放炮，且鞭炮中雜有高升，其聲很響，耳鼓為之震聾。到了歲尾年頭，這種砰彭劈拍的聲浪到處可以聽見，雖旁人聽來討厭，他們卻興高采烈，得意非常。如果有人將這筆糜費來統計一下，其數目著實可觀哩！

乞丐索錢

平常乞丐在路上向人索錢，探捕瞧見就要驅逐，或拘到捕房裡去懲治，或逐出界外，惟大除夕晚上到初四為止，任他們乞討，不來干涉。故這幾天的馬路上，男女乞丐成群結隊的向人索錢，不給不休。它如里巷之間庫門之前，更為若輩的集中地點。一過初四，卻又不能公開地乞討了。還有一種下層民眾，臨時結合五、六人或七、八人，為首的人拎了一盞長柄燈籠，其他各拿樂器一枚（如鑼鼓鐃鈸之類），瞧見人家謝年或接路頭當口，他們蜂擁而來，邊唱邊敲，倘不給予銀錢，他們更敲得響，唱得勁，另外羅唕喧鬧，不給不止，起碼須給與小銀角數枚，才一哄而去。他們的名目叫「索利市錢」，他們敲的是沒有節奏的鑼鼓，唱的是沒有腔調的胡謅。據說他們向人家索錢也有規矩，如謝年接路頭，人家門口不掛燈籠，即不來索取；掛了燈籠，不客氣的就要上門。這種人雖非叫化，其實也是一種冠冕的乞丐罷了。

大魚大肉

年年到了年底，不論大小人家都要買些魚肉菜蔬，作為過年之用。不過大戶人家是大魚大肉，小戶人家是小魚小肉，並且還要請人吃年酒、吃春酒，都在那時候舉行。人們的意思，以謂舊年將去，新歲才來，吃吃喝喝，也表示快活之意。不過作者意見，到了年底買些魚肉吃吃，也在情理之中，但是都從年腳邊烹煮的魚肉，直要吃到元宵後還有餘剩，那時候天雖寒冷，因為時過久，菜蔬也要變味，吃下肚去，未免太不知道衛生。要圖口腹，反而吃變味的東西，真是何苦？然為習俗所移，要想改革也無法改革呢！

宋案的回顧

桃源宋教仁先生，狷介自持，博學多才。先在《民立報》館任撰述職務，言論犀利，洞中肯要，于右任恃之如左右手。民初袁氏當國，嘗一度任先生為農林總長，堅辭不就。後來潛窺袁氏有異圖，力持反對態度。袁忌其才，又沒法羈縻，因忌生妒，因妒生殺，於是「毀宋酬勳」之密謀乃決。

民國二年三月二十日晚上，宋先生同黃克強（興）到北車站，預備乘夜車赴寧公幹。不料將到月臺，而無情之槍彈突至，射入腰間，亟赴鐵路醫院剖腹驗治，卒因傷重不起，享年

宋教仁

應桂馨

僅三十有二。先生既逝，舉國震悼，而國民黨諸同志更怒髮衝冠，因此釀成「二次革命」，實行討袁了。

刺宋主犯，人們都知為趙秉鈞，應桂馨、洪述祖、武士英輩為從犯。其實秉鈞殺宋奉有袁命，袁實假手於趙，趙又假手於應、於洪、於武，故此真正的主犯是袁氏，其他諸人不過奉令行事，以圖固位邀寵，希得金錢而已。

先是，宋先生不就農林總長後，屢赴東南各省，演說政黨內閣制之利益，趙氏聞訊惴惴不安，嘗說：「此人一旦得志，吾輩危了。」趙之秘書洪述祖進言，謂：「吾有故交應桂馨，足智多謀，可以擔任殺宋重任。」於是計

洪述祖

趙秉鈞

畫謀事，由洪密電桂馨，叫他相機行事，「梁山猖獗」、「毀宋酬勳」，都是密電中的隱語。後來桂馨出鉅資募得壯士武士英，武係粗漢，不明真相，欣然答應。桂馨先給以黃克強和宋並立的小照一張，反覆叮嚀道：「一併擊殺者受上賞，擊殺其一者受中賞，二皆不中無賞。」士英唯唯，而照片所題姓名又顛倒，桂馨不察。士英初不認識黃、宋，屆時按圖索驥，奔到北站，追蹤得黃、宋，彈發，黃無恙，宋則倒地不起。

那時程德全氏正做蘇都督，聞報拘捕應桂馨、武士英入獄，再派員到應家搜查，檢獲函箚、密電多封，於是主犯已得，諮請司法機關按律嚴辦。黃克強等復聯名揭穿趙秉鈞罪狀，促其南下對質。趙懼，密遣龍某挾鉅資赴滬，龍用奇計鴆士英於獄，以滅其口。事成龍得巨賞，後經親友勸告，龍雖隱於鄉，仍被秉鈞遣人殺斃。明年趙出督直隸，桂馨越獄逃赴天津，向趙求官索錢，秉鈞佯應之，陰使心腹馬弁刺應於火車中，未幾秉鈞也暴卒於任所。後來沭祖也被逮，鞫訊得實，處以電氣絞刑，此一幕大慘案才大白於天下了。

自從刺宋案發生以後，《民立》、《天鐸》、《民權》、《中華民》各報紙，對袁、趙都憤激萬分。《民權報》尤激烈，天天著論痛罵，更將袁世凱、趙秉鈞各人照片製版披露，加注「袁犯世凱」、「趙犯秉鈞」字樣。一般讀者，亦欽佩《民權報》社長周浩（少衡）的不畏強禦，膽識俱優。

戴季陶

戴季陶被捕

考試院院長戴季陶先生，他本是一個新聞記者，在清末民初，先擔任《天鐸報》主筆，後轉任《民權報》主撰。那時戴先生發表的文章都用「天仇」兩字為筆名，言論極犀利爽直，對於袁世凱之倒行逆施，嘗著論斥之。民元大借款成立，戴先生在《民權報》上天天據理駁斥，因此忤觸袁氏之怒，於某日被捕，拘入四馬路總巡捕房。後國民黨諸同志聞信大憤，急電袁氏責問被捕理由，袁以清議難違，亟復電譎釋。故只嘗了一夜鐵窗風味，明日未到會審公堂受訊，而戴先生被捕一案也就此無形結束。

如同狗屁的《天仇文集》

民初，戴季陶先生擔任《民權報》主撰時候，該報差不多每天有一篇很長的社論，是戴先生撰的，社論措詞很雄壯犀利，極為讀者所稱道。對於袁世凱的種種非法舉動，戴先生尤口誅筆伐，不遺餘力，因此嘗一度被捕，後因營救得早，即行恢復自由。

後由《民權報》館主人將戴先生的社論選印單行本，顏曰《天仇文集》，「天仇」是戴先生的筆名。彼時的青年學生、民黨志士，多喜購讀。出版未幾，《大共和報》的畫報上面有一幅圖畫，畫著一隻犬，在犬尾巴後注「天仇文集」四字，可謂極謾罵惡誚的能事了。

章太炎

章太炎監禁西牢

遜清光緒年間，蔡元培、吳稚暉、章太炎等組織《蘇報》，舉章氏和鄒容為正副編輯。《蘇報》是鼓吹革命的言論機關，對於清朝的暴虐與失政，指摘不遺餘力，因此很受讀者的歡迎，同時也被清政府所注目。

光緒三十二年，《蘇報》案發，報館被封，蔡元培、吳稚暉聞警先赴日本，未受其殃；章太炎與鄒容都判徒刑，監禁西牢。鄒容係川人，號威丹，年少氣盛，文筆極深刻犀利，嘗著《革命軍》一書，攻擊愛新覺羅氏無微不至，在囹圄中憂憤成病，卒至瘐死獄中，人都嘆惜。章氏刑滿釋出，即離國赴日，等到推倒滿清，民國成立，他才回來。

康聖人辦《國是報》

清季戊戌政變，康老先生實主其事。事泄以後，胞弟廣仁和譚嗣同、林旭等同在菜市口遇難，老先生同著愛徒梁任公（啟超）逃赴國外，得保生命。後來索性揹著保皇招牌，向國外華僑到處亂吹。等到民國初年，袁（世凱）、段（祺瑞）相繼執政，梁氏曾做過幾任大官，康則誓不入仕。記得有一次康打電報給袁，首冠「慰亭總統老弟」六個字，足見他的以老賣老了。

康字長素，又號南海（他本是廣東南海人，聲名一大，就將籍貫代名號，如黎元洪之

康有為

稱岑西林、岑春煊之稱黎黃陂都是）。至民國五、六年間，他才倦遊回國，在上海麥家圈交通路轉角開了一家《國是報》，發表的言論竭力主張尊孔，關於民國問題絕口不談。到了張勳復辟，他於事前祕密北上，參與逆謀，做了一回短期的議政大臣。直至復辟消滅，再造成功，他又溜到外國去做寓公，這張鼓吹尊孔的《國是報》也就收場關門。

最後他又聖人自居，或南或北，或東或西，行蹤無定。四年前在青島寓廬病逝，從此不復再見康老先生的言行了。有人說道，倘使康氏不死，現在傀儡國的國務總理一席，必屬老康無疑。

康氏擅長書法，譽者目謂「恣肆蒼勁，中國一人」。其實他寫的字不守繩墨，恣肆則有之，蒼勁則未必。已故大學講師李石岑寫字，力摹康體，可謂見仁見智，好惡不同了。

《天鐸報》人才濟濟

遜清末季，滬上鼓吹革命的報紙，人們都稱道《民立報》，不知那時還有一家《天鐸報》，也竭力地鼓吹革命。編輯、撰述都是一時人選，如戴季陶、周浩、陳布雷、李懷霜諸君，均為《天鐸》舊人。等到民元，周浩另組《民權報》，戴季陶才脫離《天鐸》，改到《民權》去。

後來陳布雷、李懷霜也陸續地脫離了，該報主持人無意繼續下去，才宣告停版，一般讀者多很惋惜。

周浩膽識俱優

清末，周浩在哈爾濱辦報，因事觸忤當道，致遭通緝。戴季陶先生聞訊，特電周浩，慰勉有加，更招周來滬，擔任《天鐸報》輯務。等到武昌起義，推倒清室，周浩在江西路另組《民權報》，聘戴季陶、劉民畏、牛霹生、蔣箸超、吳雙熱、徐枕亞、管義華等為編輯與撰述。出版未幾，因有敢言之譽，即能風行一時，不脛而走。

民二宋案起後，《民權報》尤憤激萬分，痛罵袁氏，體無完膚，並將袁世凱、趙秉鈞照像，製版登在報上，加注「袁犯世凱」、「趙犯秉鈞」字樣。隔了幾天，周浩又登了一段特別啟事，略稱「袁賊世凱，派人南下以十萬元現金收買『民權』，浩一息尚存，誓決奮鬥到底，決不改變初衷」云云，讀者都欽佩周浩之有膽有識。直至癸丑「二次革命」失敗，才結束停刊。

周浩字少衡，軀幹矮小，寫得一手好蘇字，從前棋盤街上有一爿「中華圖書館」的招牌，為周先生手筆。後來到北平去辦過一張《中報》。民十七在南京做過一任江甯縣長，一年以後，因政見不行，才掛冠而去。

薛君子喪膽

薛大可氏為「洪憲六君子」之一，奉了袁世凱的密命，挾了重金來滬，在望平街南京路口開設一家《亞細亞報》，拚命鼓吹帝制產生。等到洪憲登極，《亞細亞報》最先在報邊外改登洪憲紀元某月某日字樣，以媚袁氏。熱血民眾探悉薛氏行為，屢次致函警告，薛不為動。有一天晚上，炸彈來了，砉然一聲，報館門口的大玻璃窗紛紛震碎，職員逃避一空。薛在樓上經理室中，聞驚遍體股栗，竄回寓所，好幾天不敢到館。

經此一擊，《亞細亞報》的論調雖不能完全改變，而捧袁的肉麻文字卻減去了許多。後來雲南起義，各省回應，帝制取消，袁氏氣殂，這張鼓吹帝制的機關報就此停刊，而薛君子也踉蹌離滬，不知去向了。

十六開

十六開的定期訂本刊物，現在又盛極一時了，其數量已有一百多種。人們說起報界的情形來，必道小報真多，其實小報雖多，只有幾十種光景，那能及得來十六開式的刊物多而且盛呢？

這一百多種的刊物之中，論起資格來，要推《禮拜六》週刊和《生活》週刊兩種最老。《禮拜六》創始於民國十二年，到如今整整有十二個年頭；《生活》開創於民國十四年，也有好幾年了，不過《禮拜六》和《生活》創始當口，都是四開式的散張，像現下流行的小報相同，經過了許多年月才改為十六開的訂本式了。

講到這許多刊物當中，真能無黨無派、代表民眾說話的，實在很少，差不多的都有背景在內，或以政治作背景，或以宗教作背景，或以什麼派什麼系作背景。至於替一個人擁護，做留聲機的也有。但是每種刊物，有了背景，其壽命必不能悠久，以故這許多刊物中，除掉《禮拜六》和《生活》以外，大都旋起旋滅，極少有持久至二、三年以上者。（《生活週刊》現亦因事停版）。

至出版日期，有三日刊、週刊、旬刊、半月刊等區別，但以七天一出版的週刊為最多。因他們是用一張報紙分為十六開訂成的，故一般讀者稱之謂十六開刊物。

最近出版的《十日談》旬刊，卻用八開式訂本，聞係邵洵美等主辦，紙幅特大，他們的意思是表明和十六開式的刊物有些不同罷了，後來也改為十六開式，今也因故停版。一九三四年的一年中，這種刊物很為發達，故人們目謂「雜誌年」，恰是一個確切的比喻。

《禮拜六》

韜奮的《生活》周刊

邵洵美的《十日談》

夜報

在歐美報館發達之各國，每天出版報紙，晨有晨報，午有午報，夜有夜報。逢到緊急事情發生，還要隨時編印號外，號外的次數也沒有一定的。講到吾國報紙，現在仍處幼稚時代，至於夜報之數量更少，從前只有沈卓吾主辦的一家《中國晚報》，開辦較早，計算起來約有十幾年的歷史。自從前年沈卓吾溺斃以後，這張老牌的晚報就實行停版，壽終正寢了。

等到「九一八」國難發生後，《時報》館首先在傍晚發行號外。「一二八」滬戰起後，《申報》、《新聞報》、《時事新報》也都相繼發行過號外。旋因十九路軍退卻，時局為之一變，《申》、《新》兩報的號外就突然停止，為時不過一星期而已，後來《時事新報》也停止發行號外了。自熱河被占，榆關告急以後，《申》、《新》兩報重複發行夜報，不多幾時，《申報》的夜報又先停止，《新聞報》的《新聞夜報》現在仍舊照常出版。《時報》自《晨報》館發行《新夜報》後才取消號外，正式的改稱《夜報》了。上述的幾種夜報，都是各大報館的副業，至獨立發行之夜報，自《中國晚報》停版後，只有一家《大晚報》。該報在滬戰激烈時候，由張竹平氏所組織，起初每天只發行四開一張，不登廣告，專載新聞；經過半年奮鬥而後，已有相當的成績，才擴充篇幅，登載廣告。現在銷路已突飛猛進，人們的心目中都知道《大晚報》是滬上最著名的夜報了。

逢到時局一度劇變，必有一班投機份子瞎七搭八，亂造謠言，印成一種豆腐乾式的什麼快報、什麼捷報，批給報販，沿街喊賣。這班投機份子都是小印刷所裡的老闆作主人翁，想撈取幾個外快吧！這樣小小一方的印刷物，那有夜報和號外的價值？只可稱它一種無聊的傳單而已。等到時局寧靜，他們的快報、捷報都沒影沒蹤的取消了。

現在流行的各種夜報，除獨立發行的《大晚報》外，計有《新聞報》館的《新聞夜報》、《晨報》的《新夜報》兩種，《時報》發行的《夜報》現已停刊了。最近又有蔡釣徒君主辦的《社會晚報》，它的記載注重社會新聞，還有一家《大美晚報》是美國人所發行的。

老上海福州路書店

文化街

福州路（俗呼「四馬路」）中段一帶地方，人們都目謂「文化街」，因為那邊的書店很多，最大的如中華書局、世界書局，上中的如大東書局、廣益書局、現代書局、北新書局、開明書局，範圍較小的如泰東書局、光華書局、華通書局、新中國書店、卿雲書店、新月書店，以及什麼齋和什麼閣等古董書店。它的數量總有幾十家之多，這一段短短地方有了幾十家書店，自可稱譽「文化街」而無愧了。

但是這許多書店當中，有專售教科書和譯著書籍的，有專售新文化書籍和定期雜誌的，也有專售新舊小說的，更有出售類似誨淫派小說和連環圖畫的，形形色色，可謂集其大成，使人目為之迷，歎為大觀。還有一般古董書店，專售舊版書籍的也有好幾家。

該處商號除書局以外，而一般滑頭滑腦的百貨小商店也有多家。到了晚上，更為野雞娼妓的集中地，又為老闆式小販兜賣淫畫（即春宮）的大本營，有這幾種東西點綴其間，吾覺得總是文化街上的污點吧！

有關《春柳社》在日本義演的漫畫

如此新劇

新劇（即話劇，俗說「文明戲」）的產生，約有三十多年歷史，自從遜清宣統年間到民國元、二年為最初一時期。那時候的「天知派」新劇很為風行（「天知派」即任天知領導之劇團，任係旗人，曾入日本籍，故又號藤堂調梅，顧無為、汪優遊輩都是其高足），至民國五、六年時，忽然衰敗了。

民初，陸鏡若、馬絳士、吳我尊、歐陽予倩等在日本組織的春柳社，後來全團移滬開演，假座南京路東關謀得利洋行為劇場。該社定章仿平劇一樣，每演一劇，純用腳本，

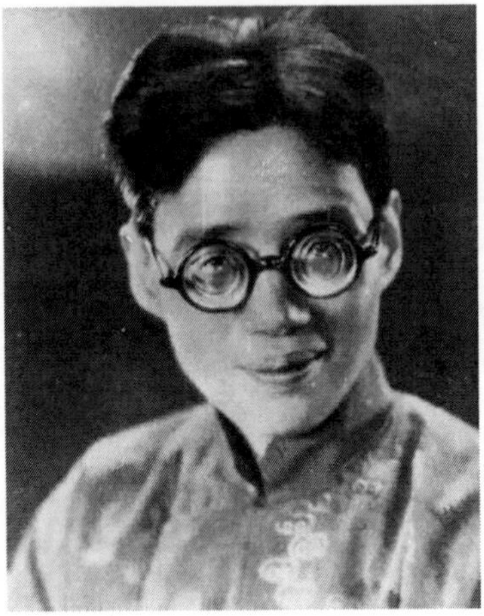

鄭正秋

角兒登場表演須預先熟讀，一舉一動都有準繩，非若別社的只用一張幕表，臨演時候由主任人略為講解一過，即能出演。所演各劇的劇情也很高尚深邃（若《不如歸》、《寶石鐲》、《王熙鳳潑醋》等劇），恰合上流人的脾胃，不受下級社會歡迎，因此曲高和寡，觀客寥寥，卒致停演。

那時鄭正秋先生目睹新劇衰微，乃崛起組織新民社，借石路天仙茶園舊址為劇場。開演以後，營業很佳（《家庭恩怨記》與《恨海》兩劇最受人歡迎）。因此繼起的新劇社很多，如蘇石癡之民興社，孫玉聲之啟民社、張石川之民鳴社。最盛當口，這種劇社有六、七家之多，它們為團結起見，又組織一個新劇公會，再出版一張《新劇日報》，借資宣傳。某一年，為籌募公會基金起見，糾集各社演員演過一回聯合新劇（地點在三馬路大新街口之民鳴社）。那時候的新劇可謂如火如荼，盛極一時了，這位鄭老先生也得著新劇中興功臣的美譽。後來經過了三四年的光景，這新劇命運又漸漸衰敗起來，各各停演，鄭老先生的中興功跡也就此消滅於烏有。最後幾年，復在廣西路組織笑舞臺，鄭正秋和邵醉翁都先後主持過，但是新劇的風頭已過，雖欲掙扎也有所不能，終致沒法維持而停演了。

鼎盛時代，不但團體有公會，宣傳有報紙，而且幾位新劇界大亨都組織了學社（如平劇之科班然）招生授業，如鄭正秋之藥風劇社、顧無為之無為劇學館、蘇石癡之石癡劇學館，而藥風劇社同時更出版一張《藥風日報》以作宣傳機關。

同時又有女子新劇也應時產生，最初開演假座圓明園路某外國戲院，演劇三日，看客很多。蓋滬人夙有好奇心理，那時的女子新劇又為破天荒之產物，故很能哄動一時。林如心、謝桐影輩都為個中翹楚，後來不知怎的，並不自闢劇場，只依附男劇社，每逢星期一、二、三、四、五之日間，假座大新街民鳴新劇社，專演日戲，不演夜戲。蘇石癡主辦的民興社為號召顧客起見，首先仿北平平劇男女混演制度，開演男女合演的新劇，演了幾年，到底仍舊沒法維持而停演。

現在之新劇，久已作為遊戲場中的附屬品，其地位早和一班雜耍相埒。要看新劇，也只有到遊戲場去。從前出過風頭的紅角兒除掉改業以外（現在電影界鉅子鄭正秋，雜耍健將易方朔、張冶兒，以及藝術家歐陽予倩，小說家徐卓呆等都唱過新劇的），也只好屈身進遊戲場去混飯了。十幾年來的盛衰興敗，賽如春夢一般，使人徒興不堪回首之感。

跳舞

在八、九年前，跳舞潮流曾勃興過一回，後來不知怎的，忽然衰落了。可是到了最近二、三年間，跳舞潮流又風起浪湧，盛極一時，跳舞場的開設雖不及電影院之多，然也有三十多家。到舞場去的朋友，不但是摩登婦女、慘綠少年，而白髮盈頭、長袍馬褂的老頭兒也很多很多。最普通的代價，一塊大洋可以跳三次，每次只費三角三分（更有新開設的小場子為招徠起見，一塊錢可以買六張舞券跳六回），就可和半裸的粉香撲鼻的、婀娜多姿的舞女摟抱接觸了。喜歡跳舞的人，大家視為最便宜的娛樂消遣，但是一開香檳，吃些茶點，那就要耗去幾塊錢或幾十塊錢，更視為常事。

靠此為生活的舞女，現在約略計算，已有兩千多人，論國籍有中、俄、日、韓等別。舞女的出身，有良家婦女、娼門姑娘，更有所謂電影明星（如梁賽珍輩）羨慕著做舞女容易賺錢，改業跳舞的也不少。等到跳舞跳紅了，就有舞后、舞星等榮譽，那時候可以名利雙收、譽馳舞國了。至舞場組織，大都取中外混合制，也有幾家完全僱用外國舞女的。

舞場主顧，當然依靠本國舞友，而穿制服的外國水手也有光顧的。這跳舞的玩意，平情而論，如果逢場作戲，目中有舞、心中無欲的偶一為之，消遣消遣，原無不可；倘使入了迷魂陣，心旌搖搖不能自主，沉醉舞場不能自拔，那就要身敗名裂，墮落到萬丈深淵，不可救藥呢！

肉林秘聞

友人某君前充偵查妓寮執照之職，今已退休不幹，昨天在漕涇黃家花園晤面，為道肉林中的秘聞兩則，很覺可笑，茲記述於下。

到鹹肉莊去的白相朋友，大家都知道他們是重在泄欲，今有摒除泄欲的嫖客，豈非怪事？有某嫖客白髮蒼蒼，年逾知命，到了某肉莊，立召莊上花三、四人。莊花至，自己卸了袍褂俯伏榻上，命三、四莊花握拳毆擊，越重越好。毆畢，似覺遍體鬆快，樂不可支，後各給付代價，一一遣去，客乃蒙被獨睡，到天明才去。此客豈是生成一副賤骨頭，非叫女性圍毆，不能愉快嗎？

又有一客到某肉莊後，囑莊主須物色三寸金蓮之莊花，不問妍媸，不限年齡，只要小腳。莊上無以應，客乃出鈔券累累置放臺上，並說：「倘能如願，即以此為酬。」莊主貪於利，四出奔走，結果在四馬路野雞窠裡覓到兩隻揚州老野雞，年齡都在四十相近了，伴之到莊。客見此兩妓固三寸金蓮，纖不盈握，為之狂喜。客坐沙發上，前置矮錢，為妓座位，囑妓將裹腳布一齊脫下，一面吸呂宋煙，一面徐徐嗅腳，邊吸邊嗅，似有無窮滋味者。一妓嗅完，再來一妓，嗅畢，出重金遣去，並厚賞莊主，客才整衣冠歡躍而去。此客具此怪癖，想是辜鴻銘之一流了（辜氏善嗅女人小腳，謂之別具風味）。

連苞嫁人

到娼門中去白相小先生（即幼妓），一時熱戀起來，丟不得、捨不開，要想叫她從良，藏諸金屋，目的是未嘗不可以達到，不過你要預備好大量的金錢，才可如願以償。因為鴇母們視小先生不啻一顆錢樹子，嫖客替她脫籍，她們乘此機會要大大的敲你一記，她們的口頭禪叫作「連苞嫁人」。

她們的意思是指這個小先生，的的括括未曾經過人道的處女，現在既然有人要討娶，須連同含苞未放之花一齊歸你，不過身價銀子（即脫籍費）要好看一些，往往獅子大開口的亂說一下。倘使你愛惜金錢，不能厭她們的欲壑，這一塊肉你休想啖得到，她們自會百計的阻撓你，結果仍舊不成功。不過娼們中所謂小先生也者，真正名副其實的還是很少，大多數以尖先生混充，鴇母們自有法兒，使這個已破之瓜用人工來補救，和未經過人道一樣。入迷的客人，連苞討回去，自詡完璧歸我，欣欣自得，其實已中鴇母們的奸計，只好挨一回城門了，但是這金屋藏嬌的嫖客卻依舊睡在鼓裡呢！

請遊龍宮

從前有一班年老淫嫗，在南京路西頭幽僻荒涼之處（即現在的靜安寺路一帶）租賃陋室幾間，備好母夜叉、鳩盤茶一流四五人，專備無賴僧禿合歡之地，名叫「龍宮」。僧禿去遊逛，他們有暗號的，名叫「請遊龍宮」。

「龍宮」兩字多麼莊嚴而璀璨，今竟變了齷齪神祕場合，龍宮、龍宮，世間多少罪惡都假汝之名以行了。人們說起來，都道現在祕密魔窟的多，不知道幾十年前已有這種無恥的賣淫。

領港朋友

開到外國去的輪船，在船上設有固定的領港員，他的職務是非常地重要，逢到輪船在海洋中要入口時候，必要經過領港員的指示方向，才不致於迷路和發生意外的危險。

今神祕之路（即北四川路）北段和霞飛路西段也有領港人，不過他們的職務並非指示輪船入口，是一種「拉皮」的別名。他們對於出賣靈肉的所在地，不論羅宋鹹肉、高麗鹹肉、矮子鹹肉，都很熟悉，瞭若指掌。每天傍晚，在北四川路靶子路以及霞飛路一帶，蹀躞往來，賊頭狗腦的東張西望，瞧見衣履入時、緩緩步行的人，他就迎上來，低聲說道：「先生，阿要領你去白相東洋寡老……羅宋寡老……」你如果願意去的，只要點一點頭，他就會領導你去。末了，給他四毛錢作為領港費，倘使碰到阿羊哥一流人物，他就要爭多論少，一塊、兩塊都無一定哩！

么二堂子的新章程

么二堂子（即二等娼寮）的種種規則，向來是墨守舊章牢不改變的，如叫局兩元，打茶圍一元，夜厢第一夜六元（故有「六跌倒」之稱），第二夜起減收四元。此種舊規則已施行幾十年了，不若長三堂子，早已一變二變至於三變，故俗諺有「爛污長三板么二，著鐵綳硬打野雞」之說，這一句話是稱譽么二堂子的刻板劃一。

不過到了近年，也微有些改變了，夜厢已經增為八塊，第二夜起也要五元，故「六跌倒」一說應改為「八跌倒」了。叫局一回，向來要兩塊錢，現在倘使有熟客去徵召，給她一塊錢也可以了，不過仍舊要現開銷的，和粵妓一樣。這是么二堂子的新章程。

從前么二堂子，都聚居在公共租界棋盤街、橫街和雞鴨弄一帶，自從抽籤禁娼以後，她們早已喬遷到法租界去了。

白板對煞

麻雀牌中有白板四隻，譬如甲客得兩隻，乙客也得兩隻，大家等碰而偏偏不來，此名「白板對煞」。

這一句話現在已移到妓院裡來：一個妓女，同時有兩個嫖客等她去銷魂真個，也叫「白板對煞」。但是妓女越時髦，越會胡調，這種白板客人也越多，不知道是什麼緣故？一說，因為時髦和愛胡調的妓女，其交際藝術必高，交際廣了，轉她念頭的嫖客也必多，而有交情的嫖客多了，常常會演出「白板對煞」的活劇來。

坐房間

到三等娼寮（即野雞堂子）和鹹肉莊上去打茶圍，照例須給她一塊錢，才可小坐一回，調笑一次。她們還獻上兩盆東西，一濕一乾，請你嘗嘗，她們自稱「坐房間」，又稱「裝乾濕」。不過鹹肉莊上是沒有乾濕東西給你吃的，只給你清茶一杯而已。

如果到二等娼寮（即么二堂子）去打茶圍，名叫「移茶」，臨走時候也須給她一塊錢。倘使到頭等娼寮（即長三堂子）去玩玩，如果彼此相熟，不但不要給錢，而且還要供給你香煙、糖果和點心。同是打茶圍，也有種種的分別呢！

吃剩的姨太太

有寄生姆媽者，繼薛大塊頭之後而執皮條界的牛耳，一般癡男怨女都奉若神明，交際之廣、神通之大，確與當年的薛大塊頭相像，其魔力著實不小。每天在路上碰見熟客，她必道：「有一位『吃剩的小老婆』，吾來介紹你，你要麼？」更逞其口辯，說得這位「吃剩的」如何的姣豔，如何的風騷。或者熟客謙遜道：「要是要的，可惜吾是窮措大，日常生活還不能維持，那有餘力來周旋？對不起，只好敬謝不敏了。」她才悻悻而去。

從前有一個叫化子，每天晚上在各大公館門口，直著一隻破喉嚨嚷道：「老爺，太太，有什麼吃剩的燕窩人參，做做好事，撥給窮人吃吧……」吾們嘗歎為趣事。今又有「吃剩的小老婆」，可說一聲無獨有偶了，呵呵！

牛奶總統

民九（即庚申年）春間，有企妹牛奶糖公司因欲推銷糖果起見，特舉行花選，名曰「企妹香國選舉大會」。租賃永安公司天韻樓一角地舉行，聘請張桐花（一鳴）氏為選政主任，更假吳書箴主辦的《電光日報》為選舉機關，每天在報上刊載諸妓照像和選舉消息。等到三月十六日開票，琴寓老六當選為大總統，樂情和陳第當選為副總統，琴樓當選為國務總理。發表以後，由企妹公司贈給琴寓新式大銅床一隻、柚木西式家具一房間，樂情與陳第各贈柚木西式衣櫥一座、梳粧檯一隻、沙發睡榻一件，琴樓也贈梳粧檯、沙發等物。

琴寓雖榮幸當選花界總統，但事後一般人都目為「牛奶總統」，可謂趣極，因這個高位置是由牛奶糖公司所產生的緣故。今事隔多年，赫赫的總統、總理不知道那裡去了，《電光日報》也早已停版了，吳書箴、張桐花也相繼故世了，使人偶一憶及，不禁興滄桑之感。

娼門中的口頭禪

娼門中的術語已刊入本書上集，茲篇所記係娼門中常用的口頭禪。

客人在妓家賭博擺酒，統名「做花頭」，做過花頭，以錢犒賞男女僕役曰「下腳」，稱男女僕役曰「做手」，逢節遷移曰「調頭」。客人不賭博而只擺花酒曰「赤腳酒」。妓女擅將客人的錢物拿去曰「抄小貨」，額外向客人需索曰「開條斧」（「開條斧」三字，本是白相人口中慣用的切口）。客人允許做花頭而臨時失約，曰「唱灘簧」。逢節向客人索取手巾鈿，曰「吃粢飯團」。生客初次到么二妓院去遊逛，院中各妓都一齊出來聽客揀選，曰「移茶」。罵起人來時常帶著「接書」兩字，客到花煙間去行樂曰「跳老蟲」，客到么二和野雞妓院去過夜曰「夜廂」。

年年十六歲

娼門習慣，花姑娘的芳齡，不論她已十八、九或廿二、三，如果嫖客問起來，她必以多報少，答道十六歲。倘使今年碰見她，她說十六；明年再碰見她，仍舊說十六，故有年年十六，一律十六之稱。因為不論那一家花姑娘都是如此說法，年齡以多報少，已為娼門中的普遍習慣。前聞某老鴇說：「不是吾們要說謊，因為客人方面大都歡喜二八妙齡的花姑娘，故不得不如此說法。」二八者，適為十六之數。

搭殼子

什麼叫「搭殼子」呢？就是追逐異性的代名詞，俗語叫「釘梢」，掉句歇後語，叫「甲乙丙……」

這「搭殼子」三字，現在已盛行於白相人的口中，他們見了面，必問：「今天搭著什麼殼子？」倘使對方釘到一位漂亮的摩登婦女，必回答道「一隻美麗牌」，如果釘著一個醜陋的異性，他們又歎口氣道「一隻強盜牌」，表示他們的失意和怨望。也有人到旅館裡去開房間，向茶房道：「有漂亮的殼子麼？喊一隻來玩玩。」這簡直叫異性為「殼子」了。

人兔子

人而曰「兔」，可謂卑賤之極。玩「兔」的調調兒，從前本盛行於北方。一般無恥之徒，自願降低人格，做這項像姑相公的醜業，很多很多。不過其間，並非出於自願，由環境造成的也不少（與賣淫女子非個個自願的相同）。民國以後，這項醜業已慢慢地衰落了。

上海的「人兔」，在民國二年間已經發現過。那時作者初入報界，一天編輯部中接到郵差送來一份請柬式的傳單，一面刊著「人兔」的小照，一面刊著肉麻當有趣的啟事，後刊「兔窟」的住址。啟事裡面無非說這只「人兔」生得如何俊秀、招待如何周到，他們底意思是歡迎吾們去嘗試。那時滬上的淫風不及現在熾盛，賣娼的花樣也不如現在的多，玩「兔」這個調調兒誰願去幹？因此不久他們就偃旗息鼓，無影無蹤了。

不料最近五、六年間，這種「男風」又大盛起來，他們的裝飾幾已完全女化，且也塗脂抹粉，騷形怪狀，乍見之下，殊不易辨別雌雄。而且仿效淌白辦法，在那遊戲場、各公園裡蹀躞往來，飛眼媚人，以待斷袖癖者和好奇人的青睞。他們也印好像窯姑娘一般的小卡片，派人在妓院中、旅館裡隨時分送，片上印明「兔窟」的所在地，玩者可按圖索驥，登門去打茶圍。在旅館、酒肆中，也可書條叫來，隨便玩玩。

租界行政當局為維持風化起見，如果撞見「人兔」，拘罰懲辦，不遺餘力。但拘罰儘管拘罰，這種惡風氣並不見得消滅，原因於生活的逼迫，或其他惡劣環境所造成，真正自願作賤的恐怕也不多罷！

流動的賣娼

各旅館中，都有賣娼婦女混跡其間。賣娼之中，有淌白，有野雞。她們與茶房有相當的聯絡，每到夜分都不召而來，如果客人臨時看中了她，講定價格即可真個消魂，由茶房作媒介的也有。如找不到客人，她們或在走廊中蹀躞往來，或和茶房隨意閒談，等到深夜沒有主顧，她們才失望歸去。

這種伎女，可名謂「流動的賣娼」，除去流動按摩、流動賣唱以外，這是第三種的流動生意。

神祕的摺扇

去年夏天，作者在福州路（即四馬路）上走過，看見一個賣摺扇者，手裡拿著一把摺扇，口裡嚷道：「無氈無扇，神仙難變。」作者聽了，莫名其究竟，上前問他有好的摺扇嗎？他連忙從背袋中取出一扇，瞧之扇面有畫，塗著彩色，作牛女雙星會，橫隔一天河，微雲相接，意境纏綿，兩星相視作斜睨狀，畫為石印板，很工細精緻，討價一元。作者因價太貴掉頭而去，賣摺扇人又說道：「先生……請你再細細的瞧一瞧，究竟值不值……」復略一翻看，則畫之正面竟一變而為妖精打架圖，於是神祕盡露。後聞此扇至少要賣八角一把，如沒有神祕的色彩，至多二、三角足了。因此之故，一般買主多存好奇心，紛紛購買，十幾把摺扇頃刻而盡。唉！神祕的摺扇。

寧波堂子

海上的寧波堂子出現到今，不過幾年光景，她們是沒有固定的豔窟，都租借旅館房間為駐足地，如浙江路之神州、三馬路之老東方和亞洲，以及湖北路之樂群等各旅館，都是她們的大本營（法租界有幾處旅館也有）。她們在旅館中，常年包定一個（或二個）房間，也有「做手」和老鴇，也同長三、么二一樣，歡迎客人去「做花頭」（即碰和擺酒）。倘使嫖客看中了一個妓女，希望和她真個消魂，到了成熟時期，必須另外去開一間同圓好夢。她們堂子裡，因為地小人多，借乾鋪也不能，莫想借濕鋪了（「濕鋪」兩字，要意會的）。

海上娼門除去私娼外，都要向當局報名納捐，領取執照，才可營業（一作淫業）。而此種寧波堂子都未納捐，以故她們雖公然做生意，其實也是一種私娼而已。

到寧波堂子去「做花頭」，其代價比較在長三娼寮便宜得多，而且叫堂差是照例不給代價的，她們的唯一收入，只希望嫖客去多「做花頭」。

神祕之街的一角

一條北四川路，人們都目為神祕之街，因為這條路上的玩意確實很多，不論玩的，喝的、嫖的、賭的，色色俱有，且都帶些祕密色彩，故曰「神祕之街」，可以當之而無愧了。

靶子路朝北一帶，簡直像××人的殖民地，東洋的鹹肉莊也有多家（羅宋鹹肉莊也有）。她們的房屋很狹小，設備很簡單，大都租賃一間樓面，擺了兩三隻木床和一些家具，僱了一個老媽子。一間樓面又分為兩截，中間不用木板隔開，只用一塊色布遮蔽而已。

她們的生意來源，僱好一班臨時介紹人拉攏（即領港朋友），也有用黃包車夫為嚮導的。他們每天下午在那人行道上，蹀躞往來，鬼頭鬼腦，看見一個衣服漂亮的人走過，他們在背後輕輕地說道：「先生……阿要領你到東洋堂子和羅宋堂子去白相相。」事成以後，他們拿取回傭，以作報酬。至於打炮代價，漫無規定的，都是因人而施，從二塊錢到四五塊為止，「夜廂」則四塊以上、六塊以下。

還有一種黃包車夫，臨時改充皮條掮客，他們拉著車子，在路旁緩緩而行，你如果向它瞧瞧，它即低聲說道：「先生……阿要拉你到東洋堂子、羅宋堂子去白相，請先生隨便吧！」他們名雖拉車，正當乘客倒不在心上，專以拉攏兩性接觸為目的，事成以後也拿取回傭，回傭數目大概以二八為多（即妓寮方面拿八，介紹人拿二成）。

到羅宋莊上去白相，代價比較東洋莊來得昂貴一點，想是她們掛著外國姑娘的招牌，不得不提高其「肉」價了。

闊哉包客

一班肉食之徒逛逛娼門、嫖嫖堂子，對於性的方面還嫌著玩得不能暢快和滿足，索性包一個私娼或公妓，作為長時間的泄欲場所，這玩意兒叫作「包客」。

包客的唯一義務，對於她每個月的生活費完全由這個包客負擔，數目從幾十塊起到幾百塊都無一定的，要看她面貌妍媸和身分高下而定。包了下來，不許她們再和別客發生關係，這一塊禁臠只有包客可以大啖而獨啖了。

不過話雖如此，其實娼門中人都是水性楊花，貪多不厭的，你雖包了她，在勢也不能夠一輩子日夜看守她；她們覷你出外了，或這夜因事不來，她們就會對你不起，要和別的嫖客鬼混，尋些外快了。在包客方面，自命雖誇稱獨嘗這塊肥肉，不許旁人染指，故化掉許多大洋鈿也是情情願願的。不過在她們看來，仍舊要叫你一聲「冤大頭」和「大洋盤」哩！

花煙間

賣性婦女中有一種煙妓，比較雉妓還要低一等，差不多要算最下等的娼妓了。她們的所在地不叫堂子，是叫「花煙間」，從前的小東門和蘭芳里、磨坊街、打狗橋幾處，都是她們的大本營。

怎樣叫做「花煙間」呢？因為嫖客到門，她們拿出一盒用肉皮料子熬成的鴉片煙請客吸食，一面吸煙，一面調笑，等到臭煙（這種煙都是臭而不可聞的）吸完，手巾揩過，就此送客，客人只給她小洋二毛銅元十枚。如果要住夜，只須一元二角足了。姿容稍微動人一些的煙妓，一天到晚要關上十回八回房門，也常有的事。請問這種人物，有毒沒毒，那可不辯自明瞭。

到花煙間去的嫖客，大約可分二種：一種是車夫、挑夫和小販一類，他們因為經濟關係，嫖不起上等娼妓，只好將就將就；一種是初到上海的土老碼子，偶然在她們門口走過，被這班煙妓用綁票式的手段架進去，要走也走不脫身，只好謹遵台命，幹一次合作的把戲。

自從鴉片嚴禁以後，她們已不用臭煙來敬客（現在改用什麼東西，未嘗去實地調查，只得從缺），不過人們說慣了嘴，現今說起來，仍舊叫她「花煙間」和「煙妓」。

她們的房子都在沿馬路或弄堂裡邊，一隻扶梯裝在大門口，凡是花煙間，差不多十家倒有九家是一樣的裝設，也算她們的一種特別標幟。

女相士

相面先生本是走江湖生意之一，他們的秘訣就是討取口風和阿諛吹拍為能事，確能善觀氣色、斷人禍福者，恐百不得一，而相面中尤以女相士為最可笑、最可鄙。

她們既稱女相家，刊登廣告、印發傳單，倘用「相術神奇」四字來號召，還說得過去，然而她們卻標著「天仙化人」，請問「天仙化人」和相面有什麼關係？照她說來，簡直不像替人相面，是賣色一流了。她們對於顧客又十分地遷就，不論在妓院裡、旅館裡、菜館裡，只消打一個電話去，她們立刻會姍姍而來，移玉就教，而且「相金兩元，出門不加」。因此一般好色和好奇的只要犧牲兩塊大洋鈿，就可飽餐「天仙化人」女相家的秀色，恭聆一番嬌滴滴、軟綿綿，使人肉麻當有趣的妙論了，真是便宜。

自從去年聞鶯女相士被人謀斃的血案爆發後，女相士的內幕和本來面目已完全顯露，揭穿無遺。

作者舊篋中，現在還藏著菱清女相士傳單一張，用桃林紙紅墨印的，下有菱清、聞鶯合攝的豔影，上面載著「諸君欲問前程，可以隨請隨到」，「並有慧心蘭質的聞鶯女郎同來，善觀手相，相法奧妙神奇，能挽回造化，看了包你得意」這種措詞，可謂香豔無比，誇大之至。尤妙在末句「包你得意」四個字，是十分地有含蓄，一般不得意的朋友們要想得意開心，快點去領教罷！

一杯茶值五大元

到有女招待（即女茶房）的遊藝場去白相，不論在那一個場子裡，你只要站一站腳，或在椅凳上擺一擺屁股，她們就會將熱手巾遞上來。一把不領情，再來一回；一個不領情，再換一人，等到你領情了，一杯（玻璃杯）熱茶就泡上來。這杯茶的價值是規定的，起碼要給它小洋二毛，倘使碰到不識相的鄉下土老少給她一點，她們不客氣的就要和你爭論，非補足二毛不可。

還有一班醉翁之意的遊客，臨時看中了一位女招待，臨走當口給她一塊錢，她們才說一聲「謝謝」；如果接連去三、四次，每次都給一塊錢，彼時她們也會意，以後就可進行祕密談判，至是否成熟要看各人的手段怎樣。

去年某遊藝場來了一位公子哥兒，看中了一個花枝招展、十分騷媚的女招待。第一回泡茶就著了魔，臨走時候給她五塊錢，只落得「謝謝僚」三字，以後接二連三去泡了幾杯茶，每回都給五塊錢。後來這位公子哥兒和那個女招待居然情侶雙雙，在某大旅館圓了好夢。據說公子哥兒在她身上花了幾百塊錢呢，同時一班姊妹淘（即在一個遊藝場裡充女招待的）都個個豔羨這個女招待的幸運不淺。她們說，一、兩塊大洋錙吃一杯茶的醉翁客人是常有的事，也沒有什麼希罕，如以五大元的代價抵償一杯茶錙，才是幸運的事呀！

有女招待的遊戲場，以永安、先施、新新三家最多，她們沒有工資的，全靠外快收入。且一般老茶客，叫喚這班女招待都叫「玻璃杯」，那麼簡直用物名來代替人名了。

一席菜值三百元

常言說得好：「生在蘇州，穿在杭州，吃在廣州，死在柳州。」因為廣東人對於別的問題都滿不在乎，唯獨對於吃的問題，是非常華貴、非常考究，一席酒菜值到幾百塊，一碗魚翅值到二十塊以上，在廣東人看來很平常希鬆的事，以故「吃在廣州」一句俗語，早已膾炙於人口了。

上海菜館，要算廣東館子最多，整席菜肴的價目也最大。最上等的一席菜定價要三百元，在吾們一般窮小子看來豈不要嘖嘖稱奇，而在他們館子裡既然有此名目，必定有人來嘗試的。據說這種奢侈豪貴的菜肴價值在五十元以上，菜的原料是摒除豬羊雞鴨常見的肉類，都用山珍海味、奇禽異獸等貴重之品，價值越大，選用的原料也越貴。古人說：「富家一席酒，窮漢半年糧。」若以三百元一席的菜肴而論，要超過窮漢好幾年的糧食了。

兩個字值六十文

「兩個字，六十鈿。有疑難，試試看。」這種聲調是靠在牆壁下擺拆字攤的朋友嚷著的口號，只消犧牲六隻銅板，就可以解決人們的疑難大事。這種便宜很是難得，不過拆過以後靈驗與不靈驗，拆字先生當然是不負責任的，我來代替他們聲明一下。

講到拆字，其間也大有分別：跑茶館，擺攤頭，是起碼朋友幹的，故兩個字大廉價而特廉價，只賣六十文；還有一種上等朋友，租好一間店面，或在大旅社開好一個房間，掛了拆字招牌，去拆兩個字，至少要小洋四毛。還有一位嚴芙孫仁兄，他幹的叫什麼「葫蘆測字」，兩個字要取潤二元二角，比較「六十鈿，試試看」要昂貴到幾十倍呢！

老上海的拆字攤

翁梅倩沿街賣唱

提起「翁梅倩」三字，凡老於花叢和老於顧曲者，她的聲名都能道及。她一生遭遇和已故林黛玉彷彿，黛玉由妓而伶，復由伶而妓，並且一再從良，一再下堂，翁梅倩反反覆覆，確與老林有幾分相像處。不過林則早已瞑目長逝，蓋棺論定，翁則猶在人世，淪為沿街賣唱，作乞兒式的生涯。想起從前的一切一切，當不勝其滄桑之感。

三十年前，翁在安康里為妓，榜其居曰「一樹梅花館」（當時娼門風氣都自稱什麼仙館和什麼館之類），燈籠上面，下粘「公務正堂」，也書「一樹梅花館」五字，每夜乘坐飛轎出堂差，很為路人注目，固一赫赫有名的紅妓。後來幾次下嫁，幾次下堂，都無善果。她本有一副好嗓子，後在四馬路胡家宅群仙髦兒戲館唱戲，飾鬚生一角，頗得顧曲家賞識，等到群仙歇業，才停止演唱。民七在新世界髦兒班裡也露過一次臉，那時候的風頭已遠遜於從前了。

現在她年紀大了，又吃上了鴉片煙，做妓女、做伶工都不可能，於是不得已每夜挾著一隻胡琴，在弄堂裡、馬路邊沿路賣唱，跑來跑去，希圖賺幾隻角子的利益以維持她的苦生活。

出賣淫書

賣淫書賣淫畫是向干例禁的，一旦失了風拘到法院裡，就要按律懲辦。但是懲辦儘管懲辦，出賣依然出賣，這般小販商，好像不做淫書生意就沒有其他營業可幹了。

在某一時間裡，他們竟公然設了一個攤，擺出許多淫書，如《杏花天》、《燈草和尚》、《性史》、《性藝》、《肉蒲團》等一類書籍，印刷很惡劣，討價卻甚貴。譬如一本書，他說五毛錢，你還價一毛，他就賣了。故每天能賣出三、四本，他們的生活就可以解決。後來當局拘捕得很嚴厲，他們才改變方針，不敢公然出賣，將各種淫書暗裡藏好，攤頭上擺出幾本很通俗的小說，不過這種書都是紙張變色、封面破碎的本子，他們的意思並非要買客來買，不過裝裝幌子，避避耳目。人們經過其地，偶然站住了腳，瞧它一瞧，他就輕輕地說道：「先生，有好的書在包裡，阿要買一本看看。」這是他們做生意的暗門檻，所說「好書」就是《杏花天》、《燈草和尚》……一類而已。

小叫天之榮辱

鬚生大王小叫天，真名姓是譚鑫培，後來廢除別名，用真名姓登臺。他來滬演唱的次數共有多少，已記不清楚，姑且闕略。某年來滬，在黃楚九經理的醒舞臺演唱（即在二馬路浙江路口，現在拆造改建永安新屋）。一天排演《盜魂鈴》，反串豬悟能，被一姓李的看客喝上一聲倒彩，黃經理大怒，嗾令眾茶房軋到帳房間，打了兩記耳光。此事發生後，被鄭正秋在主編之《圖畫劇報》上大肆攻擊，鄭先生說：「看客喝好喝歹，是絕對的自由，那可喝了一聲倒彩，就有挨打之理。」當時都說：「譚大王倒楣，鄭正秋義俠。」

最後一次來滬，在九畝地新舞臺演唱，前後共唱十夜，彼時風頭之健可謂無與倫比，每天到三、四時光景已有不少看客來了，他們情願挨著餓趕來佔據好座位。他的愛婿夏月潤八老闆，每夜親自在臺上照頭。某夜演《空城計》，夏月珊和邱治雲師徒兩人分飾老軍，每齣戲剛剛演完，還未走入後臺，已由夏氏昆仲扶掖進場，此時之譚大王可謂榮耀極了。這趟去後，隔不多時，即在北平逝世。

譚鑫培前曾供職內廷，故有「譚供奉」之號。庚子拳匪亂後，他正和賽金花過著同居生活，當時他的幸運也紅到極點，有人編一竹枝詞，曾記其事，末二句說：「世人不管興亡事，滿城爭說叫天兒。」的是紀實。

女裁縫

海上裁製衣裳的工匠，除普通縫工（即蘇、廣成衣匠）、紅幫縫工（即專做西服及大衣工匠）外，還有一種女裁縫。

女裁縫並不自己開設店鋪，人們要請教她，她會上門來做，只要供給她飯食，每一塊錢可做四工。不過她們的手術技能總比男縫工低劣，故叫女裁縫做工，都屬於布衣服和小孩服裝，還可勉強應付；倘使上等綢緞衣和皮衣服，她們便要遜謝不敏了。

縫窮婦

縫窮一業，大半是江北籍婦人充之。她們臂膊上挽了一隻竹籃和一隻小凳子，籃中放著剪刀、竹尺、線團和碎布之類，在路上走來走去的兜攬生意。她們的主要營業是替人縫襪底、做脫線和補綴衣服上的破洞眼。

店家的夥友、廠中的工友與商鋪中的學徒，因為妻室和家長不在上海，故縫襪底和補衣服等工作都要叫縫窮去做，因此縫窮的生意也很好。至縫窮兩字的解釋，是專門替代窮人做工，故名「縫窮」。幹這種活計的婦人，如果要統計一下，為數卻著實不少。據說，還有一種年輕浪漫的縫窮婦，面上敷著香粉、畫著眉毛，妖形怪狀地出來勾引穿短衣服的急色兒，圓其好夢，以圖得些外快，遂她的欲望。果有這種醜行為，實以縫窮為正業，「賣肉」為副業了。

野雞大學

年來各種事業都受著不景氣的潮流，處處顯出緊縮和衰弱的狀態，獨有開設什麼大學和什麼學院的，反如雨後春筍，蓬勃怒發。你瞧，每回到了招生時候，翻開報紙來看一下，大學和學院之多足使你記不勝記、數不勝數。

大學既多，表面上足見吾國教育的發達，求高深教育的人多，但是骨子裡卻並不如此簡單，因為這種不良大學校，人們在它上面加著「野雞」兩字，變成「野雞大學」了。本來大學是學府的最高機關，神聖尊嚴，萬民矚目，那能可以詆謂「野雞大學」呢？豈不罪過嗎？其實辦這種大學的人，他們的宗旨完全如交易所一樣，以營業為目的，故對於校舍務求美觀軒敞，對於學費則高昂非常，對於學生純取放任主義，因此訓育和教育都馬馬虎虎，寄宿學生可以出外住旅館，上課點名可由他人代之，學生成績怎樣，他們也不注意。等到修業完畢，再馬馬虎虎給他一頂方帽子、一紙卒業文憑，就算盡他們的責任了。

他們的內幕如是而已，莫怪人們要呼他為「野雞大學」了，真是可歎！不過全上海的大學校和大學院，成績優良、管理嚴緊的，確也不少，並非一概如是，那是作者要聲明的。

某日《新聞報》茶話欄小記者作的〈救這個大學生〉一篇文字，劈頭說道：「現在的大學，真是一個陷入的坑阱。」這兩句話，可謂慨乎其言之了。

大學生

「大學生」三個字是多麼高貴的名稱，社會上的眼光，對於這高貴的大學生也非常地重視，好像清朝科舉時代對待舉人、進士、翰林一樣地重視。因為一個小孩子要從幼稚園起一直讀到大學生，實在不是一件容易的事，他家裡的老子要負擔著一筆很大很大的教育費，才可以養成一個大學生。差不多的窮老子要想兒子到中學去攻讀，已經是力不勝任了，那有力量培植到大學裡去！做到了大學生，已有相當的學識，家裡的老子也必定很有幾個錢。有此兩種原因，故人們要嘖嘖稱羡，非常重視了。

大學生是攻讀高深的學科，且以未來的主人翁自居，應如何地專心一志，孜孜研求，日以繼夜的探討，將來才有學成致用的希望。不料現在的一般大學生，都以荒唐自務，如跳舞、賭博、嫖妓、斬鹹肉、住棧房等種種嗜好，他們都染上了，而且呼朋引伴，競事徵逐，習以為常。什麼是攻讀，什麼是學問，他們都一概置之腦後，等到畢業時候，騙著一頂方帽子、一張卒業文憑，就算責任已盡。這種病根，要歸咎於野雞大學所造成，因為這種大學對於學生方面夙抱放任主義，其他教育與訓育更糊裡糊塗馬馬虎虎的過去，以致釀成此不幸的現象。但是從好的方面說，優良的刻苦的大學生未嘗是沒有，不過這種荒唐的大學生確也不在少數呢！

鍍金博士

一班專騖虛名、不求實學的外國留學生，到外國去廝混了幾年，騙到一張文憑和一頂方帽子，神氣活現的歸來，足以擺擺威風、驕驕妻子，倘使要試驗其實在學問，可謂一點兒沒有，時人稱這類留學歸國的學生叫「鍍金博士」，可謂慨乎其言之了。

每年到東西洋各國求學的留學生，不知道有多少，可是希望他們學成歸國為國家、為社會而服務的，簡直不多見，要想造就些真正道地的赤金博士，更如鳳毛麟角，大多數只帶著鍍金博士的頭銜而已。

一隻花瓶

在各機關各公司服務的女職員，人們都鄙視她為「花瓶」。花瓶也者，只不過客室中的一種陳設，只能玩賞，不能實用。喻女職員為花瓶，也不過是說供給人們玩玩而已。

吾們平心而論，女職員專在服裝上面用工夫，不在業務上求進步，每天塗了脂，畫了眉，灑了香水，穿了奇裝異服，妖妖嬈嬈的進出，確是不少，如果晉以「花瓶」，也可當之而無愧。倘有樸實無華，在業務上盡職的女職員，也稱她「花瓶」，豈非是侮辱女性嗎？但是上海之大、女職員之多，如果要求其沒有花瓶資格的，倒簡直很少咧！

包房間

這「包房間」三個字，不是娼寮中的名稱（妓院中的組織有包房間和自己鋪房間的區別），是一種交際靈活、朋友很多的人物。在各大旅館中，長年租定一個房間，為賭博徵逐之地（也有私售鴉片煙者），每天所得的頭錙，維持他的生活，這就是所謂「包房間」了。在這種地方，可以雀戰，可以飲酒，可以洗澡，可以叫堂差，還可以吸煙。它的內幕和總會差不多，不過它的組織比較總會更簡單些，因為他們都沒有照會。

他們因為是長年主顧，在房金上又可打一特別折扣；旅館老闆因它是長年租定的房間，對於他們也非常歡迎。這種包房間的主顧，在各大旅館中，每家必有好幾個，已成為現在流行的一種新事業了。

霞飛路上俄國化

法租界上有一條很長很寬的馬路名叫霞飛路，不過此路在歐戰以前不叫霞飛路而稱寶昌路。自從歐戰告終，法僑因欲紀念他們霞飛將軍的功績起見，特將全路改為霞飛路，以示永遠不忘之意。

此路因地居法租界中段，交通便利，路旁又樹木蔥蘢，風景很佳，因此有錢階級都僦居於此，而俄僑也獨多（與北四川路獨多日僑相同）。他們所經營的各色業務，如藥房、雜貨店、酒排間、宵夜館、跳舞場、按摩院、理髮店、公寓，一應俱有，而俄國的乞丐，在路上躑躅往來、追逐乞討也不少。還有健而肥的俄國婦女，搽了很厚的香粉，擦了很豔的口紅，在夜色蒼茫裡走來走去，竟觸目皆是。現象如此，豈不成為霞飛路上的俄國化嗎？

流浪的白俄

現在的蘇聯是赤色當道，而白色份子當然不容於祖國，迫不得已，轉輾南來，流浪於滬上，其數很多。他們男性的，除了一部分充作要人、聞人保鏢外，大多數都經營小商店，霞飛路上俄國式的理髮店、咖啡店、雜貨店、小賣店，都是此輩開設，低一級的，或徘徊街頭販賣氈毯布匹，或在路隅替人揩拭皮鞋和出賣除漬油膏的也很多。女性的，不外充作按摩院的摩女，舞場中的舞女，以及鹹肉莊上的活肉。

還有真正窮無所歸的，也有流為釘巴的乞丐了。人們莫小覷他們，這班流浪的白俄，從前執著政權時代，都是皇親國戚，或是做過大官的，倘使一一地考查起來，數量著實不少呢！

郵局門前的苦力

北蘇州路的郵政總局，除固定的苦力外，還天天需要一班臨時僱用的苦力，在苦力自己說是「打野雞」。因此每天必有許多衣衫襤褸、蓬頭垢面的苦同胞，愁眉雙鎖地站在郵局門前，伸頭張目，等待司閽人的號紙快些拋出來。等到看見司閽走出，把手一舉，這班可憐蟲像餓虎吞狼般一擁上前，將司閽人緊緊地包圍起來，司閽手裡的號紙向空中一拋，紛紛落地，只看見塵煙四起，搶聲震耳，互相爭奪和踐踏，一群黑手在那地上亂摸亂拿，拿到的人面有喜色地跑進去工作了，沒有拿著的人只好哭不出、笑不來，垂頭喪氣退回河邊，再等候第二次的拋紙。

唉！他們為的什麼？都是麵包問題。一小時的勞苦工作雖只有二、三毛錢的代價，但是在他們已足夠三餐無憂，一天混過了。

郵包公司

外埠各商號派駐滬上的辦貨客人，購好了貨要寄出去，大半都委託郵包公司代寄，因為自己不明白遞寄手續，而門檻又不精，故情願除去每包貼足郵票外，再給手續費若干，交付他們代寄。

現在郵包公司也有好幾十家，他們專以代人寄包為業務。譬如有一種包裹，數目為二百包，只消貼足郵票，完全交給公司代寄，至寄遞時的驗關等一應手續，他們都完全負責，而且很便當，很快捷，如欲自己一次去寄數百包的包裹，實在麻煩得很，因此客戶方面情願多出一注手續費，叫他們代寄了。

最早開設的一家郵包公司，是一個旅館茶房，因為辦貨客人都住在旅館裡，購好了貨，叫茶房到郵局代寄，另給車資和酒錢。後來包裹越寄越多，這位茶房就捨棄本來職務，開設一家郵包公司，專替代客人寄包。現在這位茶房老闆，已積資十餘萬金，面團團作富家翁了。

味蒓園

二十年前海上的園林，最著名而公開的要算張園、愚園、徐園三處，那時候南市的半淞園還未建設，法租界的法國公園和公共租界的各公園也未開放，故張、愚、徐三園稱為最著名的園林了。到了現在，只有康腦脫路的徐園（該園最早在北福建路唐家弄，後來遷到康腦脫路）還存留著，億定盤路的愚園久已收歸私人所有，張園裡邊的大洋房和園地早已拆除的拆除，改造的改造，人們行經其間，徒增一層感觸和彷徨而已。

張園又名味蒓園，地處靜安寺路西端，入門一片廣場，左右滿植樹木；再進一座高大洋樓，名安塏第，洋樓後面有彈子房。該園的點綴雖不多，但當初的吸引力則很大，達官貴人和青樓紅姑娘都常來園遊覽，入門不須門券，進安塏第品茗吃東西，另給代價和小帳。那時候逢到開什麼會、歡迎什麼要人，都借安塏第為會所，因為該園交通適中，又有廣大的洋樓，上下可容幾千人，臨時借此開會是最適宜不過的。曾經到過張園安塏第的人，現在追想起來，不禁興滄桑之感了。

味蒓園

新世界的隧道

已故黃楚九氏為創辦遊戲場的始祖，最先組織樓外樓，後來脫離該樓，復集股在泥城橋西塊跑馬廳旁，創設大規模的遊戲場，名「新世界」。過了三年，因與股東意見不睦，再脫離新世界而創辦大世界。自後新世界歸併經營三氏獨力開設，又添設北部，特在馬路底下建築隧道，以便遊客隨意往返。隧道裡面都用磁磚鑲砌而成，費逾巨萬，而遊客方面只費兩角小洋，可玩南北兩部，甚是值得。當初經氏之意，欲與黃楚九競爭，不惜犧牲巨大的資本，後來因兩部開銷很大，而門券又不能漲價，因此四、五年之間，虧耗達數十萬元之多，卒至閉歇。今南部早已改設新世界飯店，現在僅北部由他人租開遊戲場，也時開時閉，而馬路下面的隧道久已閉塞而不能通行了。

黃楚九

尿坑上的招貼

隨便走到那一處公坑裡邊去小便，抬起腦袋來瞧瞧，出賣花柳藥的××堂、××局的招貼，總是紅紅綠綠，密如繁星般的粘著，使人看了目為之迷。他們的招貼上說，專醫下疳、白濁、橫痃、梅毒、陽萎、白帶一類的病症。他們的醫術，必說「負責斷根，無礙生育」、「當天見功，七天全癒」、「保不開刀」、「永不復發」等許多誇大名詞，各局各堂的措詞都是大同小異，沒有什麼大分別。

吾們看了這許多紅紅綠綠的尿坑上的招貼，可知花柳醫生之多和性病之廣。但是據熟悉內幕者說，他們所詡的「當天見功七天全癒」等神技都用輕粉倒提，功效果然很快，不過用這種醫法治癒的人，後來都要復發的，一旦復發了就要有生命的危險。

至於說「保不開刀」一層，也有些靠不住罷！今年春季，有一個浴室堂倌某甲患著橫痃，請教法租界東新橋街一位什麼堂的醫生治療。醫生用刀開割，不料手術不精，誤斷血管，頃刻血流滿地，倒地不起，某甲的性命就此嗚呼尚饗。這一件慘事發生以後，曾登載當時各日報，某甲的家屬因此和這位醫生提起訴訟，後來不知道怎樣了結。唉！

屋頂上的八卦

上海人真好迷信，樣樣有忌諱、件件有風水，甚而屋頂上面也釘著一塊八卦，更有連小方鏡一面一同釘著的。如果細心地考察一下，十家之中倒有一大半玩著這套把戲。他們說釘八卦因為對過房子沖碰很不吉利，如不釘它一釘，包管你晦氣星進門，一年四季，會鬧成家宅不安、雞犬不寧，釘了以後，可以驅邪降福，事事如意了。也有在八卦旁邊豎立著幾隻空酒瓶，那更不知其作什麼玩意，有人說，豎立空瓶當作炮彈，以為鎮煞。外國人不講風水和忌諱的，他們不但不倒楣，更且國富民強。吾們一班淺薄的中國人，事事講忌諱，好迷信，反而降做了次殖民地的可憐蟲。

不過吾說的上海人，並非真正道地的上海人，因為上海地方真正上海人的確很少，都是各省各埠來寄籍的假上海人，反而獨多。

上海外灘白渡橋

外白渡橋

清朝咸豐初年，英國人某甲建築大橋於吳淞江上，橋堍有人看過，過橋的人每人納制錢二文，車與轎加倍給資，行人雖嫌麻煩，也無可奈何。等到同治癸酉年間，此橋經工部局收買，而天后宮橋、裡白渡橋、盆湯弄橋也相繼建築，從此過客概不收錢了。這座橋就是現在橫跨蘇州河、崇閎偉大、橋面鋪設鋼軌、日夜行駛電車的外白渡橋。

陸遜墓址

後漢三國時代，東吳有一位少年勇將陸遜，是繼周瑜執掌水陸都督兵權的大人物，那知他的墳墓卻在上海。當吾們走過靜安寺路馬霍路口，瞧見對面三四〇號的馬房門上矗立著兩個石人，裡邊即陸遜的墓址，那一對石人就是墓前的翁仲。但是現在墳墓沒有了，早已改造馬房了，他的一副枯骨究竟是否永埋在地下，或是已經遷葬它處，卻一時沒法去考證。

法國公園

法租界顧家宅地方，有一所法公董局所建的公園，人們都稱它顧家宅花園。這個園林占地之廣、布置之雅、樹木之多、風景之勝，除卻兆豐公園外，其他公園都比它不過。因此每天遊客很多，尤其是在夏季，進進出出，不知道有多少。遊客中間，有在樹底花蔭納涼消夏，領略其天然風味，果然是很多；還有不少的癡男怨女，一對對、一雙雙的情話綿綿，偷偷摸摸地大演其活劇的也不少；而一班妓女更裝扮得花枝招展地施行其勾搭手段、賣性政策，也如穿梭般的不絕。

公共租界共有四個公園，法租界方面只有這一個，且法國公園雖售門票，一元五張須一次用完，隔日即作廢，所以大概都是預先買好常券（常券可用一年，計洋一元），才可隨時入內遊玩。公共租界上的公園，除出售常券外，還零售門票，每券二角，都從客便。

地火

上海開埠不久，即有「自來火」的創製。那時候的人們都少見多怪，嘖嘖稱奇，又因火從地下而來，故不名「自來火」而叫「地火」。地火的創製未幾，又有西人立德創製電燈。初行時，吾國當道惑於謠諑之言，恐觸電傷人，竟諮請西官禁止，後來知其有利無害，才取消禁令，其愚昧如此。當十八世紀時代，在上者和在下者多沒有科學常識，每見西人有所設施，不辨利害，就群起非議，甚或目為異端邪行。今日思之，豈不要使人啞然失笑了。

民間有一句俗諺，叫作「鐵樹開花」。自從「自來火」盛行以後，人們又說鐵樹開花應驗了。這種附會牽強之談，果不值識者一笑哩！

電話

電話的創製，起於清代光緒八年（壬午），迄今已五十多年。那時有英國人名皮曉浦者，初在租界區施行，分設南、北二局，南局在十六浦，北局在正豐街（即廣東路）。惟彼時沒有什麼電話機，也不用搖鈴報號，自動機更談不到此，倘欲邀人對談，自己到局裡去，納費十二文即可和人談話，後因生意清淡，經費不敷，就停辦了。明年（即癸未年）天主堂神父法國人能慕谷重起創設，改用電話機，從徐家滙教堂達到英、法兩租界各洋行，以便報告風雨氣候。後來人們知其利便，就紛紛裝設，直到如今，不過從幾十號電話機開始，經過了幾十年的過程，現在已到數萬號了。

從前電話是先報號數，再由接線生接通，才可接談；自從四年前一律改為自動機後，要通電話，只要知道對方的號碼，自己撥一撥即可對談，比較先報號數尤為便當。此交通利器為西人德律風氏所發明，故又叫德律風（「德律風」三字詳見黃式權作的《舊上海筆記》）。

劍公按：據記者所知，電話係美國加拿大州人民名葛萊海姆培爾氏所發明，且「德律風」三字係英文Telephone之譯音。若照英文之字義解釋起來，前半Tele係作長距離之解，後半之Phone係作聲音之解。如留聲機器英文為Grama-phone，有聲電影內有Vitaphone（即維太風），故黃式權所作《舊上海筆記》中強以「德律風」三字為發明電話者之人名，未免有些太武斷而近乎杜撰了。容當於英文百科全書中將「電話」條詳細譯出，以饗閱者。作者又按，吾友劍公先生所說亦有理由，故也附記於此，但究竟如何，以待博者來考證吧！

孔夫子

行駛外海的各大輪船，其船名都取地名，如「漢陽」、「南京」、「北京」、「臺灣」、「安慶」、「順天」、「奉天」、「吉林」等類。作者曾經詢問船公司有什麼取義？它說，「並無取義，不過欲其易於辨認而已。」

從前××公司有一輪船，專走長江各口的，題著「孔夫子」三字，用中國聖人而題船名卻是別開生面，後來駛到湖北地方，觸電擊沉。一說，孔二先生不願襲用他的尊稱，因此大為震怒，立召天神天兵來擊沉的，以示懲創。此又跡近神話，不足為據了。

小押當

小押當又名「押頭店」，店主人以粵、桂兩省人為最多，因為該兩省地方向有「餉押」名稱。創始時候，專備軍人未曾領到餉銀，暫將物品質錢以應急用，故名「餉押」。不過到了目下，其營業範圍早已不限於軍人，惟是相沿下來，「××餉押」的名稱卻未改變。

上海的小押當約共一千多家，他們取息向來以十日為一期，每期三分，期限以六個月為止。幾十年前清侯爵左宗棠來滬，鑒於押當的重利盤剝，諭令一律押閉，此最為小押當倒楣時代。後來禁令一弛，仍舊陸續開張，直到如今。不過從前大都十日為一期的，現在也有改為一月了；十日取息三分的，也有改為一月三分了；六個月期限的，也多伸長到八個月十個月或十二個月了。只有幾家老押店依然率循舊章的也很多，他們的招牌，從前都寫「××押」，而且這「押」字寫得特別大，現在早已改為「××當」了，以「押」字當市招的不很多見。小押當有時不察，誤收贓物，逢到案發，法院派探往吊，本與利例不給還；質店與當店則給本不給息，此又兩不相同。

依照現在國民政府規定的典當取息，每月不得超過二分。倘使月取三分，已是違法；若月取九分，更是違法之至了。他們的資本額，據說最少幾千元，最大的須幾萬元到十幾萬元，都沒有限止的，要看這爿押當營業範圍的大小才決定資本的多寡。

老虎灶

老虎灶為出賣熟水的小商店，因為它一隻煮水的灶頭形式有些像虎，故名「老虎灶」。

他們的水價，從前因房價廉、煤價低，故很便宜，一個大錢就可購買一杓沸滾的熟水；到了現在，一錢一杓的熟水已漲到五錢了。他們鋪子的地位，大都開設在弄堂門口或弄堂裡邊，以便居住弄裡的人們來購水；稍微冷僻的馬路旁也有開設的，不過是少數而已。他們營業時間，從清早六時起，直要到晚上十二點鐘才打烊（即關閉店門），更有鄰近下等娼寮的老虎灶，通夜不打烊的也有。有的下面是老虎

老虎灶專供熱水

灶賣水，裡面和樓上賣茶，這種鋪子多開在馬路旁邊的。在弄堂裡的老虎灶，更有擺好一隻櫥和一隻櫃，兼賣香煙糖果雜物的。他們同業也有一個團體，名叫「水爐公所」，逢到什麼大事情，都到所裡去開會討論。你們切莫訕笑開老虎灶是一種低微的商業，其實做這種生意的人盡多著發財呢！

詩謎候教

打詩謎，一名「抽字條」。這個玩意兒是一種文人的賭博，並且由來已久。清季時代我們到松江去應童子試，每到夜間，一班當地的賭徒在沿街沿弄擺了一個攤，引誘許多童生去賭博，不過那時候輸贏有限，頂多只有一、二千銅錢的進出罷了。

六、七年前，為上海的詩謎風潮鼎盛時代，各遊戲場內竟至鱗次櫛比，觸目皆是，連得壁角裡、走路口都有攤頭。他們的輸贏，雖說是只有捲煙和遊券，其實暗裡也可用現貨（即銀洋）進出。同時更有人租了房屋，開設什麼××詩社的也不少；又有人出了廣告費，在報上登著「詩謎候教」的告白，那就索性公開的賭博了。後來各遊戲場內的詩謎攤為當局取締，才一律收束，租房設社的也陸續地減少（現在只有愛多亞路冠雲詩社一家）。

到這種地方去玩，只消在攤旁站一站腳，他們的招待員就大獻殷勤，勸你請坐。坐了下來，茶啊，捲煙啊，糖果啊，盡可不名一錢的隨便飲、隨便吃，那麼一來，自己也覺得過意不去，只好出手下注了。不過玩這種賭博的，曾經在舊詩上面研究過的總便宜一些，且容易僥倖打中，如果不會做詩的，卻要假充內行，胡亂下注，結果總是贏少輸多。但是會做詩的也未必能條條打中，因為擺設詩謎攤人，都說他們的詩謎有來歷而「對準古本」的，其實詩的東西浩如煙海，不論你怎樣淹博，那能可以一一的讀過而爛熟胸中呢？有時候逢到生句，也只好瞎打一陣，嘗試嘗試。

擺設詩謎攤或詩謎社的人，自己大都不會做詩的，他們的字條兒都須預先請好懂詩的文人做的，每百條給他幾塊錢的潤筆。詩謎鼎盛當口，依靠做詩謎生活的文人也有好幾十人，究竟這個詩謎是怎樣的東西呢？今舉出兩條如下：

英才盡至□

曹齊陳秦韓二

□看白髮新

重驚同傀羞三

上列兩條詩謎是五言句（也有七言句和雙聲的），譬如第一條是「英才盡至□」，末一字空了，句旁之「曹」、「齊」、「陳」、「秦」、「韓」都可隨便嵌進去，一樣的通順，不過須押上二韻（齊）字才算中的，字條下面的「二」字即是抽出後押中的暗記。故未抽出以前，只露出上面詩句，下面的「二」字用紙套套住。第二條的詩句和第一條一例，但須押到第三韻（同）字才算中了。

他們對於押中的是以一配三，即一塊錢下注，中了可得三塊。這個玩意，豈非要懂舊詩的人才可以去嘗試？可笑一般不懂詩的市儈和不識字的村夫也要強附風雅，假充內行去押詩謎、打字條，末了錢袋朝天，洋錢輸光，他們還要笑你是一隻頭號的「大洋盤」。

好闊綽的大廠

花會決勝的總機關，名叫「大廠」（又名「大筒」），取名「廠」字的意義想必是範圍廣大的緣故，如各業工廠之類。一班賭徒要自己直接進廠去決雌雄，名曰「進封包」，每包下注數目沒有肯定的，或每包十元，或五元，都隨時酌定。

賭徒走到大廠相近，即有廠中招待人領你進去，先將封包交給帳房，製取收據。時候一到，廠方的重要人手拿銀匣，當眾開視。匣中粘有預先寫好的紅紙，寫明花會的名稱（如占魁、扳桂等類）。譬如這筒開的是占魁，只聞一片占魁之聲，洋洋盈耳，各賭徒封包字條上有占魁字樣者，即為中的，於是歡笑著等待帳房配錢，倘使包內沒有「占魁」字樣，即是「吃稍包」（即錢包已被吃去，喻不中之意），就垂頭喪氣的走出。

聞說從前不用銀匣子，是用一頂軸子，軸子上面寫好花會的名目。開筒時候，這軸子從高處吊下來的，現下寧紹一帶鄉僻地方仍舊用軸子吊下哩！

開什麼

每天到了下午五、六點鐘和晚上十一、二點鐘時候，不論租界、華界，總有好幾處地方聚攏了男男女女許多人，鵠立著，仰望著，一時的空氣就會緊張起來，並且他們都不約而同的問道：「開什麼？」「開什麼？」讀者們，你道這句問話是什麼意思？就是花會日夜筒的報告，他們特地僱好幾輛腳踏車（名叫「快馬」），每次開筒以後，飛一般快的來報告開出的名目。這一班男女都是來探聽消息的，得著了消息，再去轉輾報告多數花會迷知道。「開什麼」一句很平凡的問話裡，卻含著很多的悲劇和很少的喜劇哩！

現在華、租當局，對於花會很嚴厲的禁止，此後「開什麼」的聲浪總可以少聞了。

後門貨

什麼叫「後門貨」呢？就是將別人的東西從後門口偷竊出來，半送半賣的賣給人家，這就叫「後門貨」。做這種不道德的勾當，都屬於管棧房的司事和商號裡的老司務。因為這種後門貨是不花本錢的東西，故賣給人家的時候都是半送半賣，俗語說：「偷來的東西不值錢。」這句話可謂形容盡致了。

還有一種店鋪，專門收買這種便宜的後門貨，不論吃的、著的、用的、玩的，都一古腦兒收買下來，然後再整理一下，分門別類的賣出去。這種生意因為本錢輕，利息厚，以故很有幾家收買後門貨的老闆發了一注大財，面團團作富家翁了。

丟圈

遊戲場裡有一種攤頭，似賭博而非賭博，其法橫列長桌一、二隻，桌上罩以布單，雜陳鐘錶用品和各種玩物，每物旁邊豎立尺許鐵簽，距離長桌五、六尺地方圍繞繩欄。有人在欄外手拿木圈出賣，每一毛錢可購若干圈，立在欄外遠遠丟擲，木圈套中鐵簽，即能得彩，譬如套在鐘旁的鐵簽，即得鐘一隻，其餘依此類推，不過很不容易擲中。此種玩意名叫「丟圈」，又叫「套圈」。

其實此項玩意兒創始很久，五十年以前已有發現了，不過當時沒有遊戲場，大都租賃空屋一間，屋內陳設如現下一樣，每圈只賣錢十文。後來生意興隆，爭相開設，多至幾十家，乃經官廳取締，才各收場閉歇。

丟票

市上的小押當，除掉重利盤剝外（押當取息大都每月作三期，每期取息二分至三分，也有月算的，不過少數而已），還有丟票的黑幕。丟票怎樣丟法呢？即將滿期呆貨（如過時衣服和鐘錶雜物之類），因為沒有主顧來交易，他們才施出丟票的詭計，寫好一張質券丟在路上，路人拾得後，看看當期很近，又是衣服和鐘錶等應用的東西，欣欣然前往贖取。等到東西到手，瞧瞧有些不值得、不合用，要想依照原價當進去，那位押當夥計已不能答應你的要求了，換一家試試也是如此。因為這種東西都是落伍貨、過時物，滿了當期也沒有人來交易，他們才想出這個丟票害人的詭計。

裱畫店之換天頭

裱畫店之作弊相沿已久，逢到名人畫件叫它裝裱，它能犧牲少許金錢，託畫家（這種畫家都是能畫而不著名的）依樣畫葫蘆的臨摹一幅，其他紙質、鈐印都可摹仿，手續完畢，即可以偽亂真，並將真者藏起，偽者給人。物主雖欲分辯，苦不得到證據，只好忍氣而退。除此以外，還有換天頭之法。什麼叫「換天頭」呢？譬如碰到一種名貴的古畫，先用礬水發透，揭開為二，畫的顏色，上層較濃、下層較淡，然後潤以顏色，加以渲染，款識、印章都能脫胎，裱好以後，將上層的藏起，下層的給物主。這種秘法又叫「偷龍轉鳳」，紙張須夾貢宣紙方易著手。故有名人畫寶交店裝裱，不可不特別揀選誠實可靠的店鋪，才能免受其欺。

賊技

在那公共汽車、電車上和轉彎抹角的擁擠地方，專在人們身畔偷錢夾、偷時表的竊賊，名叫「扒兒手」。他們也有師父傳授，也須練習多年。練習時候，將一件綢長衫掛在壁間，袋中置放很沉重的皮夾一隻，朝斯夕斯，要練習到將皮夾取出，掛在壁間的綢長衫一點兒不激動，才可畢業，賊師才允你出去放生意。最近因失風而吃官司的楊金奎和韓才狗，夙有「扒竊大王」之稱，因他手法靈巧，能使人們失去了東西還不知不覺咧！

做這種扒竊的賊徒，從前本各有地域，分段行竊，故每一竊案出，比較的容易破案，現在據說已不分地域，統一行竊了。

吃豆腐

「吃豆腐」三個字，是白相人口中的行話，他們說話的意思並非真的要吃什麼豆腐，是吊女人膀子的隱語。吾們在那公園裡邊和遊戲場裡，常常聽見「吃豆腐」的聲浪，正是他們進行調戲女子的工作。不過逢到老練的女子，坦然回答道：「老娘不開豆腐店，你們歡喜吃豆腐，快到豆腐店裡去……」這幾句話一說，就要嚇退這班尋吃豆腐的白相人，不敢再施輕薄，因為知道對手方也是老白相，不容易逗引了。

還有一種人，以魯仲連和嚮導自居，等到事情妥當後，須請他飲一回酒、吃一頓飯作為酬勞，他們的隱語也叫「吃豆腐」。豆腐是白的，象形取義，想是「吃白食」的意思。

最近吳稚暉老先生為了廠商榮宗敬周轉不靈事，致書實業部陳公博部長請求維持，信中第四句即說：「中國吃豆腐者太多，故冒險者少。」中間又說：「實彼等雖屬專家，而生性吃豆腐，又阻於吃豆腐之環境……」吳先生所說的「吃豆腐」，尋繹文義，想是因人成事的意思，和白相人口中的行話意義就大大的不同了。

吳稚暉

榮宗敬

吃盤子

做金子生意的人（即交易所中經紀人），他們的手段很敏捷，眼光很銳利，算盤又很精括，故每天早、午兩市賺進幾百、幾十，多到幾千，是極平凡的事。他們的主要業務，雖說專誠代客賣買，拿取規定的傭金，可是其中的黑幕重重，倘使客戶是洋盤一流，那麼對不起，就要翻你的門檻了（即使人受愚之意）。

他們的花樣，除去搶帽子與撈帽子外，還有吃盤子的秘幕。什麼叫「吃盤子」呢？譬如客戶欲買標金七條，言定每條行市一百元，到了行市九十元時候就買下來，稍停對某客戶說則稱一百元，這樣一轉移間，其獲利已大有可觀，這就叫做「吃盤子」。

吃百家飯

在舊式的人家，做起紅白事來（即喜事、喪事），必要臨時僱用一班男女僕役去幫忙，男的如二爺，女的如喜娘等類。這班人物，他們自稱吃百家飯，因為一年四季到處亂奔、到處賺錢的緣故。不過聯想到吃百家飯的人，還不止二爺和喜娘，其他如和尚、道士、清客串、軍樂隊等等也是吃百家飯的，還有沿路募化的僧道和沿門托缽的丐徒，簡直是吃千家飯、萬家飯了。

現在新提倡的集團結婚和到殯儀館去入殮的喜事、喪事，卻用不著男女僕役去幫忙了。再過幾年，吃百家飯的人也要歎末路窮途，無飯可吃了。

叫魂

喜歡弄鬼戲的人們，他們家裡的小孩子偶然受了一些驚恐，夜裡不能安睡，做爹娘的就要疑惑小孩受驚而失魂了，魂既失掉，非舉行叫魂（又名「叫喜」）不可。叫魂的玩意共有三種，一種是拍床沿叫，一種是門角落裡叫，一種是屋簷下叫。

拍床沿叫，大約因為孩子睡眠不安，哭哭啼啼，做娘的便在天色將明的當口，輕輕地手拍床沿，低聲地喊著：「阿囡居（作回字解）來吧！」連叫十來聲，就算完事。

門角落裡叫魂，則孩子生了病，求仙方不靈，乞神助不愈，做娘的以為魂靈兒一定飛到天空去了，非舉行叫魂不可。先買了安息香兩支，燃上火，再用紅紙一小張，折成小包，燃點一副香燭，當天磕好四個響頭；再拿孩子平常穿的一件衣服，由另外一人抱著，再由一人左手持小紅紙包，右手拿安息香，再由一人照了燭臺，一同往門角落裡、窗背後、牆腳邊，甲大呼：「阿囡居來吧……」乙輕輕地答道：「噢……居來哉……」甲每呼一聲，乙即答一句，等到覓著一隻小蜘蛛，即面現笑容，齊聲道：「居來哉！」

立將此蜘蛛放入紅紙包中，鄭重回房，放入病孩枕頭底下。

還有一種屋簷下叫，不論孩子或成人生了大病才叫的。須用梯子一隻靠在簷下，一人照紙燈籠一盞，一手拿著黃紙甲馬四十九張，喊一聲：「阿囡（或成人名字）居來吧……」，便燒化甲馬一張，一面喊，一面燒，等到蜘蛛尋著，大家就答應：「噢……居來哉！」這一幕玩意才算完場。

生了病不去請醫服藥，而在這上面用勁兒，這病那有痊癒的道理？而且靈魂與肉體是不可以須臾離開的，當真靈魂失掉了，雖你們叫破喉嚨，也休想回來。這一點小常識，他們都不知道，實在是可鄙而又可憐。

麻衣債

在重利盤剝的借債上，除掉印子鈿、皮球、一角過夜外，還有一種叫「麻衣債」。借麻衣債的人，都屬於公子哥兒一流，他們家裡的老子雖很有幾個錢，因為嗜財如命，輕易不許兒子浪費，那麼一來，他們就不能揮霍，不能揮霍就要失掉公子哥兒的資格。於是他們不得不向人求情，或輾轉設法借到一筆一筆的債款，借票上面寫明這筆債款需要等他老子伸直了腳，穿了麻衣才加利奉還，故叫「麻衣債」。

放麻衣債的重利盤剝卻和放印子鈿等相像，不過辦法不同，譬如你借它五百塊錢，交款時候只有三百有零到手；利息也很重，又要先扣去幾年，更有介紹費、手續費等也須當場扣去。將來還債時，卻一個大錢也不能少，因為借票上面寫得很清清楚楚、明明白白，而借債人又須親筆簽名，你要圖賴也沒法圖賴了。

一班視錢如命、死要掙錢的老子，趁著雙腳未直的當口，看看你們的公子少爺是什麼行為，也可以趁早醒醒罷！

出興隆票

開了一爿店，總希望事事順利，年年賺錢，這是做生意人的唯一目的。不過這個願望是不容易達到的，一時因營業清淡，虧蝕太多，要想支持也沒法支持，最後辦法只有關門大吉。但是關了門，除將一切生財底貨抵償虧欠外，還欠了許多債項。債權方面或因親戚好友之故，或因多年往來的關係，事實上都不欲起訴窮追，這一堆債項只好出興隆票以了結。

這種興隆票怎樣出法呢？譬如欠某甲五百塊，欠某乙八百塊，欠某丙六百塊，欠某丁三百塊，由被欠人各書借票一紙付給甲、乙、丙、丁四人，票子上面書明欠款若干，沒寫還債日期，也沒有利息，只寫須等到被欠人經濟寬裕、業務發達後才照本奉還，這名兒叫作「興隆票」。

藏著興隆票的人，要收回這筆款子，不過是百分中之一、二，因為當時出票人和收票人都是互相敷衍塞責的辦法而已。

阿羊哥

處處受愚、事事受氣的人，滬諺謂之「洋盤」；除了洋盤以外，還有一種人叫「阿羊哥」，和洋盤的意義似同而實不相同。

在花柳場中，常有短衣不整、面目黎黑、垢污盈積、語言鄙俚之徒徘徊其間，而異性們對他大獻殷勤，唯命是從，打情罵俏，其樂無邊。因為這種人的外表雖惡陋，而袋裡的花花綠綠鈔票卻麥克麥克，用之像泥沙，取之則不盡。她們看在金錢面子上，不得不拚命巴結，肉麻當有趣，不過背後要叫你一聲「阿羊哥」。要得到這種阿羊哥的資格，也不是容易的事，第一要有充足的金錢才可以得到呢！

還有一種經驗欠缺、一竅不通的，在人面前假充能人，也叫「阿羊哥」，又叫「屈死」。

水鬼

人是陸棲動物，故居陸上，雖擅長泅泳的，也不過偶而玩玩。惟有一種水鬼，能以三天三夜鑽入海底，無損毫髮，其技能很有一記的價值。

所稱為「水鬼」也者，的確是人，並非是鬼，因他具著鑽入海底的本領，人們以「水鬼」呼之。逢到船舶闖禍、人貨沉沒的當口，卻要僱用這班水鬼鑽到海底中去撈摸屍體和貨物了。

水鬼的技能，從幼小時候即須從事練習，先從海灘旁邊練起，第一步習游泳術，第二步習鑽水術，直要練習鑽到海底為止。他們不但能夠鑽到海底，並且帶了乾糧，可以在海裡等三天三夜，毫無妨礙。他們既能入海，又能居陸，卻和兩棲動物差不多了。他們的居處都在吳淞與虹口一帶，平時沒有工作可做，也相率結伴入海嬉戲，因為他們是與水國有緣的緣故。水鬼入海的時候，雖身披一件皮質透氣的保險衣，然而若非夙嫻水性的人，穿在身上也要溺死的。

賣羊

甲罵乙「賣羊」，乙也罵丙「賣羊」，這賣羊的聲浪最盛行於白相人和吃公事飯（如包探、稽查之類）的口中。但是這「賣羊」兩個字究竟怎樣解釋呢？譬如有一個人，本非文士，卻裝得斯斯文文模樣；還有一種人，本非善類，卻又做得像良民光景，這幾種人都是「賣羊」一流。

從前有「掛羊頭賣狗肉」兩句古話，就是譏誚一個人的行為做事含有欺詐性的、不忠實的，即是「掛羊頭賣狗肉」的一類了。滬諺罵詞中有「賣羊」兩個字，想必也是根據這兩句古話而來。

賣相

某甲賣相好，某乙賣相不好，這一類的談話是常常可以聽到的。究竟這「賣相」兩字怎樣解釋呢？就是說，在社會上混飯的人，第一要有賣相，才能到處得著便宜和受人的重視，倘使沒有賣相，惟有到處吃虧和受人白眼。

「賣相」的意義是這樣的，一個人要身材頎長，五官端正，言語響亮而伶俐，和人談話對答如流，見鬼說鬼話，見人說人話，衣服冠履也要時式摩登，如此才可稱得起一聲「賣相好」。至於他的肚子裡或茅草塞滿，或一竅不通，那是毫無關係的。如此說來，社會上人們的眼光完全是「以貌取人，失之子羽」了。反過來說，譬如有個人藏著滿腹經綸、倚馬千言的學問，倘使沒有賣相，卻要處處受欺、路路碰壁，這就是顯出人們眼光淺薄和勢利觀念太深的象徵。

其他吃團體飯、吃慈善飯和各業中的跑腿（又名「掮客」，亦即賣買介紹人）這一路中的人，第一要有賣相；還有拿了大皮包東奔西波的馬路政客、投機分子，更需要的是賣相。有了賣相，將來才有大出風頭和升官發財的希望。

沖鳥

豢養禽鳥，本是有閒階級的玩意兒，骨子裡並充滿著快樂主義。養鳥的人總是唱戲的伶人和沒有職業的白相人，以及靠著老子享福的小開（即店鋪中的小主人）這幾種人為多。但是養了鳥，天天要衝鳥的。天色剛剛明亮，他們就要拎著鳥籠，到跑馬廳竹籬外面，或是手裡拎著，或是掛在樹枝上面，這就叫「沖鳥」。那時候百鳥齊鳴，鳥聲啁啾，豢鳥人凝神一志的靜聽著叫，大有萬事不管，只求悅耳之概。

六馬路西頭有一家龍園茶館，開設迄今已有好幾十年了，這爿茶館差不多早已變成養鳥人的俱樂部。茶館裡邊，裡裡外外掛滿著鳥籠，因為養鳥人沖鳥以後，還須到龍園去喝幾口茶、談幾句天，享樂一回，才打道回去。還有城隍廟裡兩家樂意、賞樂茶館，也和龍園一樣為養鳥人集會地點。樓下開設點心店，樓上卻滿掛著鳥籠，因為住在南市區的養鳥人都在城隍廟裡沖鳥的。除此以外，別的沖鳥地方雖有，總是稀疏零落，比較跑馬廳和城隍廟兩處則相去遠了。

沖喜

沖喜的玩意兒，凡江、浙兩省崇拜迷信者都喜歡玩它一玩。譬如有一家男主人或女主人生了病，日見沉重，請醫服藥毫無一些效力，最後就聯想到沖喜上去。沖喜怎樣沖法呢？就是將兒子沒有結婚過的媳婦迎她上門，見一見病人，開一開金口，略加接待後，仍送回娘家去。

這麼一沖，病人會慢慢地好起來，也許是有的；不過沖喜以後，依然病入膏肓、兩腿伸直的也很多。如果沖喜一定沖得好，那麼只要有了未過門的媳婦，生了重病只消請她來沖一沖，就可以不死，恐怕世界上也沒有這樣的便宜事罷！

大照會

人力車上的執照，欲呼「照會」。車上有釘三張的（即華界、英租界、法租界三張），有釘二張的，有釘一張的，都各各不同。人們倘在華界地方，要到租界上去，叫起人力車來，總說：「有沒有大（讀若度）照會？」

稱租界執照曰「大照會」，那麼自己華界的執照當然是「小照會」了，此也是中國人尊重外人和自己卑謙的一種表示吧！

拉洋人

譬如有一個中國人和一個外國人同時叫喚一輛黃包車，車夫往往願意拉外國人，對於中國人理也不來理你，這是什麼緣故？

車夫的心理，以為外國人個個是大富翁、大財神，付起車鈿來洋鈿當銅元用，金四開當銀毫用，而且叫車子時候不講車價，又省卻一番麻煩；不像中國人，一隻銅元也要斤斤較量，剌剌不休，故情願捨此就彼。

逢到喝醉的外國丘八叫車子，他們更拚命上前去承接，聞說這班丘八先生給付車資常常會掏出金磅來當車費，因此要想發財，不得不拼了命去招呼。但是有時候，不但得不著什麼金磅、銀磅，結果反而嘗到一隻來路貨的火腿和五枝舶來的雪茄煙，也是常有的事呀！

不講價錙坐車子

有一種漂亮人物乘坐車子，並不預先講定價錙，只消一屁股坐上去，嘴兒歪一歪，手兒動一動。拉車子的車夫也知道你是漂亮人物，就舉起一雙飛毛腿，拚命的向前一陣狂奔，希望多得些代價。如一段路程車錙只要銅元二十枚，如果不先講好的坐上去，至少要給車夫三十枚，他們才歡喜接受。

間有一班面子上要做漂亮人物，付給車費卻並不漂亮，車子拉到目的地，照理要給銅圓三十枚的，他止付給二十枚或二十五枚，害得車夫怪聲怪氣的亂嚷：「這種鴨尿臭的漂亮，還是不漂亮來得好。」還是先講好車錙坐上去，免得江北仁兄背後罵你幾聲「豬玀」。

小車

滬上行駛的各式車子，當推小車創始為最早。清季同治初年，首先發現小車（欲呼「狗頭車」），係獨輪的，車夫在後推動。起初只攬載貨物，並可坐人，嗣後才有腳踏車、東洋車和馬車等等，到了清季光末宣初，更有汽車、電車相繼出現。到了近年，最早出現的獨輪小車早已落伍了，現在這種車子的數量越趨越少，所有的只裝載貨物、運送東西，坐人簡直是很少。不過在閘北各工廠一帶上工、放工時候，還有幾部小車子，兩面坐滿著女工在路上駛行，除此以外已難得看見了。

大出喪

社會上赫赫有名的大人物，一朝伸腿斷氣、撒手西歸以後，必有大出喪的舉行（大出喪者，就是舉殯之意），排場越闊越能哄動一時，竟會傳播到幾百里以外的外埠民眾不遠而來，大家異口同聲地說道：「看大出喪，看大出喪！」等到舉殯那天，民眾們如瘋狂般的丟了正事不幹，專誠來看大出喪。幾條經過的馬路上人山人海，前推後擁，擠得水泄不通，沿馬路的幾爿旅館、菜館、茶館的陽臺上都設好了優等座位，做一回臨時的好生意。

盛宣懷（杏蓀）

從前的盛杏蓀和朱葆三都舉行過大出喪，民眾們現在想起來還嘖嘖稱羨。前年黃楚九故世後，一般瞧熱鬧的民眾又欣欣地說道：「我們又有大出喪看了。」後來因為債務關係，黃楚九的大出喪就此無形取消，民眾方面也大大地失望。

大戶人家有了錢，有了名，一朝死了人，場面有關，非舉行大出喪不足以顯其闊綽、示其威風，糜費雖巨，滿不在乎。他們有的是錢，揮霍揮霍無損毫末，更可得到庸夫俗於們的激賞，亦落得大出而特出了。

本來一窠蜂瞧熱鬧是中國人天賦的劣根性，往往瞧熱鬧瞧出禍水來（如看賽會而坍橋斃命等慘事），他們也不會醒悟吧！

朱葆三之墓

上海朱葆三路

送喪馬車

在三、四十年以前汽車還未盛行時候，馬車曾出過很大的風頭。馬車行也鱗次櫛比，名聲最大的要算跑馬廳一家龍飛馬車行，馬車有一百多輛。當時各處的大人物到滬，都乘著雙馬並行的簇新馬車，吆喝而過；其次如海上寓公和窯子紅姑娘也都乘著馬車代步，蓋彼時間最漂亮的代步東西，除卻馬車以外，沒有第二種車輛。

自從汽車盛行以來，馬車就慢慢落伍，鱗次櫛比的馬車行都逐漸地關閉了，最大的龍飛馬車行早已改組為雲飛汽車公司了。現在所剩餘的一二百輛蹩腳馬車，平常時候絕少有人顧問，只有人家死脫了人，出殯起來，載著親友去送喪，故叫它一聲「送喪馬車」，再切合也沒有。其次，輪船碼頭、火車站邊，還有幾輛停在那邊招徠外埠客人，裝裝行李而已。

場面不可不繃

中國人是著名愛好場面的，尤其是住在上海的人們更酷愛場面，不論家裡窮得吃盡當光，妻哭於號，一無所有，跑出門去仍舊衣履翩翩，大搖大擺地走著。滬諺說「身上綢披披，家裡沒有夜飯米」，確為此輩寫照。其他逢到喜事喪事，尤不可不踵事增華，大加鋪排，以示闊綽。他們說：「場面攸關，不得不如此來一下。」倘使富有的人擺擺場面，揮霍幾個錢，原沒有什麼要緊；如果力量不夠，是窮小於一流，場面則不可不擺，因此做了一回喜事或喪事，害得負債累累，終其身也不能償還的，倒不在少數呢！吾替他們想想，真是作孽，然而在酷愛虛榮的人，因為要繃場面起見，高築債台也是情願而毫無怨言。

還有許多愛好場面的人，到點心店去吃食，末了會鈔時候，一共只有一元幾角，他身邊藏著不少的一元鈔票，然而結果往往要掏出一張拾元或五元鈔票去找，這倒使人有些費解了。有一回作者詢問這班朋友：「用掉一元幾角錢，為什麼將一元鈔票藏著不用，要掏出拾元和五元的鈔票呢？」他們說：「因為一元鈔票顯不出闊綽，並且要被堂倌瞧不起的，如果用大數目的鈔票，他們才不敢看輕你。」這也是綳場面的一種表示吧？

假人參

人參這東西是國藥材中最名貴之品，一支小小的人參要值到幾百塊錢，是毫無希罕的事。它的效用最能滋補精神，有挽回造化力量，譬如有個人將要病死，而事實上卻有未了之事，不容他斷氣，在這個當口吃了人參湯，可以延長若干時的生命。至於滋補方面須因人而施，倘使不宜吃參而吃了，或只宜吃五錢忽貪多而吃一兩，那就不但無益，反而有大害。

人參的出產地在吉林省內，其次是高麗，要自己生在群山廣野間的地下層，過了若干時間經採參人挖掘出來，方是無上真品。故參店裡有「野山人參」的招牌，倘非野參，即失卻參的價值和效力了。有一種贋品是種出來的，不是它自己生長成功的，名叫「種參」。在吉林和營口地方，每逢參貨上市，土人挑擔負筐蜂擁而來，以求脫貨，價值很為便宜，只要二三塊錢即可購買一擔（即一百斤），其情形活像上海地貨行裡的蘿蔔差不多。他們購了下來，再批售參客人，復經過一回的烘焙技能和裝潢手續，就可充作野參賣，到了上海，一轉移間其獲利要百倍千倍了。因此這班參客人白手成家，面團團變為富家翁的很多很多。還有一種做過參業的職員，開了一爿滑頭參號，間接向參客人處批發若干斤，另加牌號和裝潢，再陸續地賣出去，其獲利也不小，至於買戶買去吃，有沒有效力，他們則概不負責了。

總之，有吃人參資格的大亨們要滋補身體，充足元氣，還是到老牌子的參號或著名的國藥店裡去買，才可不上大當，免受人欺。

虛頭

什麼叫「虛頭」？「虛頭」兩字怎樣解釋？就是有一種東西，譬如價值只一塊錢，問起賣東西的人來，他們卻信口開河的說二塊三塊，這就叫「虛頭」。市上商店除掉少數劃一不二、說一是一外，其他都有虛頭在內，老實人偶不經心，便要大上其當。虛頭頂大的為一種滑頭商店和小菜場上的魚蝦菜蔬攤，他們是「向天討價」，我們只有「著地還鈿」，才不至於吃虧（「向天討價」、「著地還鈿」兩句話就是說他們討得高，吾們還得小的意思）。

野雞

這裡所謂的「野雞」並非是沿路拉客的下等娼妓，是一種帶著冒牌性質和不入同行的稱呼。譬如有一種包車，不是坐車人所有，乃是車夫自己租賃或購買來的，即叫「野雞包車」。還有一種掮客（即賣買介紹人），並不加入該業同行公會，單獨出來兜攬生意的，人們都叫他「野雞掮客」。舉此兩例，其餘可推想而知了。

還有一種戲館裡的案目，定期包了一天戲，印好了賞光券，向老主顧處推銷，人們也叫「打野雞」（又名「打抽風」），顧名思義是與站在馬路上亂拉行人的娼妓有些相同，故有此名稱。

請醫生、打保單

自從綁票之風盛行以後，一般擁有財產吃過苦頭的醫生，對於不相識人上門來請求出診，一律須打保單，加蓋商店圖章，才肯出診。不過這麼一來，病家要想請他出診，打不到保單，只有死路一條。還有少數明哲保身的醫生，因為世途峻巇，對於不相識人來請出診，索性拒絕不應，叫病家自己上門來醫。如果病勢輕微，自屬不成問題；倘使病勢劇重，躺在床上不能行動，要想請他來醫，他又拒絕不應，也只有死路一條了。

粥店、豆腐店

市上通宵達旦、夜不關門的店鋪，除掉少數酒食店外，只有粥店和豆腐店兩項，年初到年底未見他們關過店門。豆腐店的工作完全在夜間做，到了天明發賣，故全夜不關門；粥店因為要救濟車夫飢餓起見，故也全夜營業，不關店門。夜班車夫統夜奔跑，到了饑火中燒時候，都到粥店裡去果腹，倘使粥店不全夜開著，試問那班車夫到那裡去吃東西呢？

不過粥店全夜是營業，豆腐店全夜是工作，兩項商店雖同是全夜，而其性質卻不相同。還有一種尷尬人，到了深夜，沒有力量去借棧房住宿，往往到粥店裡去，或吃兩碗粥，或食幾隻野雞糰子，吃完了故意遲遲不去，打了一個盹，挨到天明才走，這一夜的棧房開銷又可以免除了。

餛飩擔

挑擔賣餛飩共有兩種，一種是高腳式的擔子，邊敲邊擊，其聲卜卜；一種是低矮式的擔子，不敲擊竹筒而敲竹片，一面敲，一面喊：「蝦肉餛飩麵。」因為這種餛飩擔子都兼賣麵條，餛飩的餡於是用蝦肉、豬肉拌和，其式甚大，故有「大餛飩」之稱，每碗起碼小洋一毛，麵價也相同。高腳擔子歷史最久，它只敲竹筒而不叫喊，餛飩都是小的，每碗起碼一百鈿（即銅圓十枚），現在有幾副擔子也兼賣麵條了。挑賣矮式餛飩擔子為粵人所發明，他們的口號是「賣蝦肉餛飩」，近來除粵人外，鎮江幫、揚州幫也不少。

豐子愷畫「餛飩擔」

客飯

現在除貴族式的大館子外，其他大小菜館都售賣一種客飯，每客價目各家不同，從兩毛到五、六毛為止，菜肴有二菜一湯，飯則沒有限制，任客吃飽為度。自客飯制度盛行後，一般買飯吃的朋友都趨之若鶩，如天津館、川館、徽館、本地館等都已售賣客飯，倘使胃口狹窄的人還不能吃得精光。如有三個朋友合吃兩客，菜肴更叫他合併起來，末了只添加白飯一客，這種最經濟的吃法再便宜也沒有了。

客飯的制度，據說為老北門外大街幾家教門館所創設（為回教徒所開設），早已售賣多年，他們定價每客三毛，以小洋計算。現在各幫館子售賣客飯，想係採用教門館的辦法。

蘇廣成衣鋪

住在上海的人們，不論做一件布衣或一件綢衣、皮衣，都要請教縫衣匠去做，因此成衣鋪的開設竟至觸目皆是。他們除少數租屋開設外，其餘都在弄堂口和門樓底下租借一席地，闢作工廠。他們的招牌大都標著「某某蘇廣成衣鋪」，「蘇」者指蘇州，「廣」者指廣東，其實蘇州人講究衣著，確為實在情形；廣東人卻注重食、住兩項，衣著上並不考究，他們招牌上標有「廣」字不知道是何取義。

縫衣匠的籍貫，以蘇幫、錫幫、鎮江幫、江北幫、本地幫、寧波幫為最多數，別幫則很少。他們的進項除得到主顧工資外，還有揩油的收入，因為主顧交來的衣料，不論布的、綢的、皮的，他們定要揩它幾揩，才覺稱心滿意，所以滬上有句「裁縫不落布，就要當脫家主婆」的俗語（「落」即指油之意）。做縫衣匠的分東家和夥計兩種，做夥計的幫東家工作，每月賺幾塊錮工資，做東家的除掉剝削夥計油水外，還有揩油的收入。不過做東家的須預備若干資本，才可以開設一爿成衣鋪。

他們的資本不但是租房子、買傢伙，有時還要替主客代料。什麼叫「代料」呢？因為有一班寫意朋友，做件衣服，不需自己去買布買綢，只須開明尺寸，交到成衣鋪去，他們代你買料，衣服做好後連同工鈿一併算還，這就叫作「代料」。

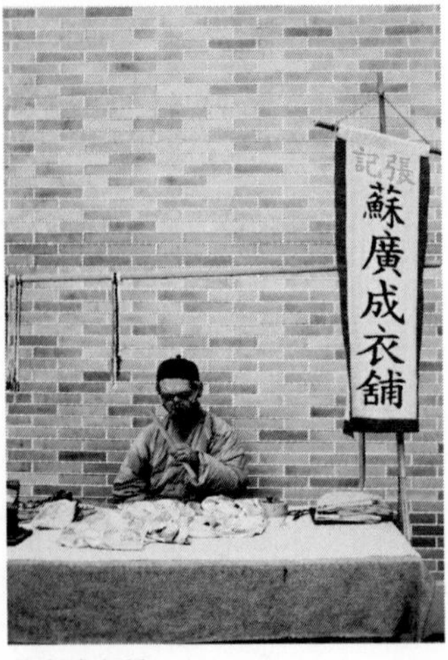

蘇廣成衣鋪

冷攤

城隍廟裡有幾處出賣舊書的書攤，名叫「冷攤」。攤上的書都擺得雜亂無章，亂七八糟，書的種類有舊書，有新書，有雜誌，有小說，有碑帖，有殘缺不完的，也有整部不缺的，他們的來源大都是收買而來。書的價值從幾隻銅板起，到幾角幾塊止，都是討價還價。有時碰得巧，稀有的孤本、珍本和家藏木刻也放在書堆裡，等待識者來購買，書價也並不十分昂貴。其他如整部的新書，他們反要斤斤較量，善價而沽，因為這班書販子知識有限的緣故。

上海城隍廟舊書攤

玻璃包廂

戲園中的三層樓包廂，定價很便宜，向為一般下層民眾觀看之地，至於大人、先生、要人、聞人大都不屑到這種包廂裡去聽戲。從前許少卿在福州路經營丹桂第一台時，在某一時期內特將三層樓外面鑲嵌玻璃，名為「玻璃包廂」。許老闆的意思，這麼一來，也可招致高一級的主顧了。但是平津人叫「聽戲」，上海人叫「看戲」，既然著重於看，故座位距離戲臺越近越好。「玻璃包廂」名目果然好聽，惟在三層，於視線上很不方便，裝好以後仍舊吸不動高一級的主顧，過了不久就此拆除，這「玻璃包廂」的名稱也取消了（現在丹桂第一台舊址早於前年拆除，改建市房，現在開設致美樓菜館即是）。

玻璃包廂

戲園的包廂

燻魚、酥糖

市上糖食店的店招，從前都題「稻香村」和「野荸薺」，現在則題「老大房」和「天祿」，不過上面加一記號，以資識別而已。糖食店內出賣的東西少說些總有好幾百種，惟對於燻魚、酥糖兩項他們更特別注意，掛招上寫上「透味燻魚」不算外，還要在櫃檯橫邊豎立一塊金字朱漆的木牌，上寫「燻魚」兩大字（也有寫「酥糖」兩字者），於此可見他們對於這兩項東西的注重了。

不過為什麼不注意別項東西，專注意這兩項東西呢？也有緣故，因為上海人專在吃字上面用功夫，燻魚美味，不論啜粥、飲酒、吃飯都很相宜，買它兩毛、四毛，可以快吾朵頤，因此糖食店為迎合顧客的心理起見，不得不在燻魚上特別注意了；酥糖是甜的，不能充下酒物，也不能當佐粥菜，但是上海的癮君子很多，癮君子都歡喜吃糖，躺在榻上，吸足了鴉片煙，吃它幾塊酥糖，苦甜相濟，自是其味無窮，糖食店裡的酥糖生意因此也大好特好。他們豎起了金字朱漆的大木牌，其意思要促起癮君子們快去多多交易。

日需房飯錢二百八十文

五十年以前，滬上最大的旅館（當時都呼「客棧」）每客房飯錢每天只收制錢二百八十文；其次自備飯食的，每天房錢只收百文或八十文；最下的小旅館每天只需四十文，或二十八文。如此代價，可見當時生活程度的低小了。

現在住大旅館一天的房錢，大者要十幾塊到幾十塊，小者也要幾塊，即最下的小旅館每天每客也需二、三毛錢。雖說現在的旅館建築宏偉、設備完全，然而房價已超過幾十倍或幾百倍以上。

制錢二百八十文，折合現在洋價還不到一毛錢，莫說付房錢不夠，即付茶房的小帳還相差很遠，倘使今昔一比較，真是天差地遠哩！

小便三角、大便一元

按照租界章程（即洋涇浜北首租界章程）第十七款載：「馬路上不能大小便。弄裡之無大小便處者，亦不得大小便。否則拘送捕房，大便罰一元，小便罰三角。」因此人們偶然便急，一時得不到便處，在馬路上或弄堂裡便一便，倘被探捕瞧見，是要拘到行裡去（即巡捕房）照章處罰的，如果你沒有錢的話，那就要禁錮你四小時了。

本來不到廁所裡去大小便，不但太不雅觀，而且有礙衛生，稍知自重者，必不願故違禁令，不過有時便急起來，得不到廁所地方，也只好拆一回洋濫污了（這種拆洋濫污的辦法只有小便而已，大便是很少見的）。作者有一辦法，倘使人們在馬路上走路，一時便急起來，得不到廁所地方，可找尋一家茶館或菜館，跑進去便一便，就得了。因為茶館、菜館裡邊不但有尿池，且有便桶，不論你要小便、大便，只要口頭上客氣一點，他們總可以允許你便一便哩。

櫃檯上的鐵柵

自從搶劫之風蜂起以後，一般銀錢進出較多的商店，為防患未然計、免除驚恐計，都在櫃檯上面周圍裝置鐵柵，以免強盜仁兄的光顧。像那典當、小押店、煙兌店，十家倒有五雙裝起鐵柵來。因為這種商店銀錢的進出比較多一點，倘不未雨綢繆，用鐵柵來防禦，那麼就要受強盜、匪徒的光顧，遭受意外的損失。有人說道：「一爿店鋪裝了鐵柵，好似一隻大鳥籠，各位夥計先生賽過一群飛鳥，關在籠子裡。」這個比喻倒有幾分相像呢。

各銀行和各錢莊也都裝上柵子，不過他們的裝柵有兩層意思：其一，也是防禦搶劫之意；其二，為便於分類營業起見，不得不裝。且銀行、錢莊所裝之柵，或用燦爛發光的黃銅，或用黝亮雅致的古銅，和煙兌店等黑越越的鐵柵則又截然不相同了。

靠災民發財的善棍

在理，辦慈善事業的人都應該潔身自好，一清如水，才稱得起一聲善人，而問心也可以無愧，俯仰也可以無。不過一談起上海慈善界的內幕情形，就要使人痛哭流涕，忿恨不止了。

本來辦慈善事業是一種蝕本生意，那能可以發財呢？不過在上海慈善團體中，很有不少善人依靠著慈善兩個字來發一注大財、掙一份家產的，若要一一的指出來，實在記不勝記。這般人物真是殺人不怕血腥氣的，專門在災民和貧民身上狼吞虎嚥，只管自己麥克麥克，其他社會上的笑罵和指斥他們都不屑顧及，這種人名雖善人，其實是善棍罷了。

慈善界中的人物，依作者所知的，約分三種：第一種人，確是抱著胞與為懷、視民如子主義，挺身出來辦事，真是一介不取、一絲不苟，有時犧牲著精神不算，還要自己掏腰包，這樣才稱得起善人兩字，不過數量是很少的。第二種人，掮著某堂、某會的一塊金字招牌，到處宣傳或登報徵求，或派員勸募。等到捐款到手，先將大部分款項留著自用，只將小部分撥給慈善上需用。第三種人，完全是騙局。他們逢著什麼水災、旱災、蝗災等一切災患發生，臨時租賃了一二間房子，掛起什麼協會、什麼善堂的大招牌來，一面請人做好了悲天憫人、聲淚俱下的募捐緣起，印刷了數十萬份，一面敦請幾位名人和聞人做董事。手續完竣，然後派人四出勸捐，廣為徵募，一班勸募員又要遴選擅長詞令、面厚如鐵的交際大家，這麼一來，募捐的成績那有不超出新紀錄呢？他們勸募的手續，不但在本埠進行，還要分派幹員到各地各埠去努力的勸、努力的募，有時還要花了廣告費登報徵募。總之，對於勸募兩字上，卻可稱一聲無孔不鑽、無洞不入了。他們發出去的捐簿和收據上面，都印著鮮紅的「經手自肥，雷殛火焚」八個大字，但是天老爺大度包容，誰肯來管你們這筆閒賬？故罰誓儘管罰誓，自肥仍舊自肥。等到災禍過去了，他們也個個撈飽了，一生一世享福不盡了。起初租借的房子也退租了，金字招牌也撤除了，經理、協理、司理和大小職員都一溜煙的逃跑了，就此暫告閉幕。以後逢到什麼災變發生，或再照老法子來幹一回，也是常有的事。

在前面說過的第一種人，真正當得起善人或善士兩個字，第二種人只可說它是偽君子，末一種人確是慈善界之一善棍、社會上之蟊賊。去年發生的東北義勇軍捐款撤查風潮，曾經鬧得滿城風雨、一天星斗，究竟有無舞弊，吾們局外人不得而知。如果不幸也蹈著善棍的覆轍，再發現一班「義棍」，豈不要被外國人笑脫牙齒嗎？

廣告醫生

有一種醫生，他的學術很平庸，信譽又很淺薄，因此顧客寥寥，門可羅雀。於是想出一條妙計來，專在廣告上面用功夫。他們登起廣告來，常常要登載全版或半版，廣告上面的措詞更說得天花亂墜，自吹自唱，那麼一來，生意自會興隆，門庭定卜如市了。

廣告措詞不但說來活龍活現，好看煞人，而且同時更羅致幾十位社會聞人，替他列名介紹。這種廣告一登出，還怕病人不源源而來麼？因為上海地方大、人數多，生了病請不到好醫生，確是不少，今看見這種措詞生動的大廣告，那得不怦怦心動，快來就教呢！

時人目這般醫生名曰「廣告醫生」，可謂再切當也沒有了，因為他們不在醫學上面研究，專門在廣告上用勁兒。

高等華人

在外國人眼光中分析出來，有所謂高等華人和起碼華人等分別，但不知那一種是高等華人，那一種是起碼華人，倒值得研究一下。

據說是買辦階級和一部分有勢力的寓公，能說幾句洋涇浜話，能穿西裝革履，能狐假虎威，能借外力欺壓同胞，能吮癰舐痔，如果具著這幾種資格的，才配稱一聲「高等華人」。其他勞心勞力，安分守己，不善媚外，以度其苦生活的善良民眾，想必是「起碼華人」了。

榮幸哉，「高等華人」！漂亮哉，「高等華人」！但將來不幸而亡國以後，這許多目高於頂、神氣活現的高等華人，不知道可以不作亡國奴麼？

看鬼臉

現在商店的店員，除掉極少數受過訓練而和顏悅色的招待主顧外，大多數都扮著鬼臉（作者前著〈店員之三副面孔〉一文，讀者可參觀）對待主顧。到他們店裡去交易，總是抱著似理非理、似睬非睬的態度，故我們去買東西，簡直去看他們的鬼臉了。

警告一店的主人翁和經理先生，以後對於店員們先須切實加以訓練和指導，然後畀以店員重任，要曉得一店的興旺衰敗全在店員的身上，那可不注意嗎？那可馬馬虎虎，放任他們扮鬼臉嗎？其實現處冷酷勢利的社會裡，如果有事求人，或衣衫太樸實些，包管你處處看到不堪入目的鬼臉呢？

十三點

前年冬天，作者家裡搬來一份房客，是一夫一妻和一個養女（即螟蛉女），年可十五、六歲，他們夫妻倆叫喚養女總是「十三點」長「十三點」短。作者聽了委實有些不懂，後來詢問一位明瞭上海社會的朋友，才知道有一種人，說他呆戇並不呆戇，說他伶俐也不伶俐，好像時鐘時錶之超出準繩了，因此人們對於這種人就起了一個含著輕薄而尖刻的稱呼，叫作「十三點」。不過這種稱呼對於別人總是背後叫著，倘使當面叫喚起來，那就要釀成口舌爭鬧的事情呢！

尋人

上海地面遼闊，又為五方雜處，拐子歹人混跡其間，因此失孩失婢亦層見疊出。不幸而遇到此事，或登報招尋，或在電桿木及牆腳邊上貼著幾張尋人通告。它的措詞，不外某日某時走失一孩子，著什麼衣服，臉上五官怎樣，身材怎樣，鞋帽怎樣，一一地寫明，如有仁人君子知其下落，送到××路××里××號××宅，酬洋××元等語。不過「尋人」的「人」字都顛倒寫著，一說這樣寫法，走失的人不能遠走，容易尋到。這個迷信不知是那一位發明的，卻是無從查考了。至走失原因，除掉一大半被拐子拐去藏匿意圖販賣外，一小半或因迷途而不能歸家，也是常有的事。

俞調、馬調

在書壇上說書，如係彈唱小書，起首必先唱一段開篇，開篇唱完，才唱正書。開篇的格調向有俞調和馬調的分別，俞調是清代嘉道年間俞秀山所發明，音調很幽雅，如同小兒女綠窗私語，娓娓動聽。馬調係咸、同年間馬如飛所創始，音調率直，沒有餘韻。然而當年的馬調曾風行一時，學者很眾，俞調從前雖也風行過，究不如馬調的得勢。現在的彈詞家早已各有師承，自成一家，而老前輩所遺傳下來的俞調、馬調久已不復掛齒了。

醫生的三嚇頭

吃公事飯的人，對付竊盜莠民慣用三嚇頭手段，據說不用三嚇頭，他們要狡賴的，所犯的罪不肯承認。不料現在有一種醫生，對付病人也抱著三嚇頭主義。什麼叫「三嚇頭」呢？譬如人們生了病，請教他們去診治，其實這個病是很輕微的，一劑藥吃下去，就可霍然而癒。他們則故甚其辭，說病勢如何的凶險、如何的厲害，脈案末句必寫「候政」或「候高明裁酌」等字樣。如果病勢確實沉重，已到了膏肓時期，用這種手段對付，情還可原；倘使病勢並不沉重，也說如何凶險、如何厲害，實在是不應當的，而且使病人多生一層恐懼之心，輕病變成重症，也常有的事。

推測這班醫生的心理，無非抱著不負責任的態度。況且輕病說得凶險，一劑藥吃下去吃好了，病人方面，要念念不忘的歌功頌德，感謝不盡，倘使不幸而發生變化，也不能和這位醫生稍稍理論，因為他們早已說過很厲害呢！而且脈案末句早寫明「候政」，你們自己不小心、不斟酌，流年不利，活該倒楣，與這位高明醫生絲毫無涉。其實醫生雖也是職業之一，究竟多少要有點慈善性質，遇到不可救藥的重病，也應該善為說辭，不可一味恐嚇，使病人多添加一層恐懼心理；假使是輕病，更應該切實安慰，才是做醫生的天職啊！

開大炮

在那晉（山西）、綏（綏遠）各省地方，嗎啡（別稱「白麵」）毒物的銷路很大。那邊的人民，不但癮君子需要它，即向無煙癮的，大家見了面也多以嗎啡餉客。他們吸食嗎啡又很簡便，只用紙煙一支，搗之結實，煙頭空了，將嗎啡少許放入空頭，即可燃火吸食。不過那麼一來，向無煙癮的常吸不斷，也會成癮，這種吃法，他們叫「開大炮」。近來這開大炮的玩意兒，也發現到上海來了，而且有人專將嗎啡和入香煙之中，祕密售給吸食紅白丸的癮君子過癮，藉以牟利。從前只有打彈子（即吸食紅白丸）和戳藥水針兩項，現在又多一開大炮了。

大少爺謀害妓女

民十一（壬戌）夏季，閻瑞生謀斃福祥里妓女王蓮英一案事發以後，曾轟動一時，人們都目為幾十年來花界的一大慘案。後來閻瑞生逃往徐州，被該地軍警拘獲，解回上海。當時上海最高官廳是淞滬護軍使，任護軍使者是何豐林（茂如）氏，由軍法處鄧處長審訊確實，判決閻瑞生和吳春芳二人，按照懲治盜匪法第三條第二款之規定處以死刑，朱稚嘉（即朱老四，為已故甬紳朱葆三之子）宣告

閻瑞生與王蓮英

無罪。事後，九畝地新舞臺即趕排一劇，名曰《閻瑞生》，由趙君玉飾王蓮英，汪優遊飾閻瑞生，開演四個月，夜夜滿座，其盛況不亞於今春新光映演的《姊妹花》。後來又有××影片公司編成電影，亦映演很久。更有一般賣唱者編為小曲，如《蓮英託夢》、《蓮英歎五更》等，最為婦女界所歡迎。

護軍使署發表的判決主文和判決理由，文長八千多字，極洋洋乎大觀。蓮英是新世界於丁巳年舉行第一次花國選舉當選的花國總理，當選以後為出風頭計，對於衣服飾物惟奢是求，手指上常御大鑽戒，光耀炫目，因此卒遭慘死。而閻瑞生本為震旦大學肄業生，因品行不良，誤與匪徒為伍，淪入下流，其謀斃蓮英，完全是拆白黨劫財行為，結果亦難邀寬典，明正典刑了。

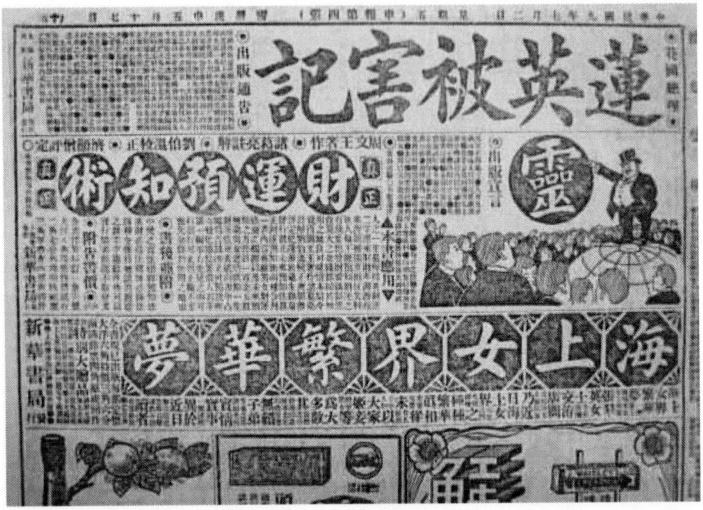

1920年7月2日上海《申報》刊登《蓮英被害記》廣告

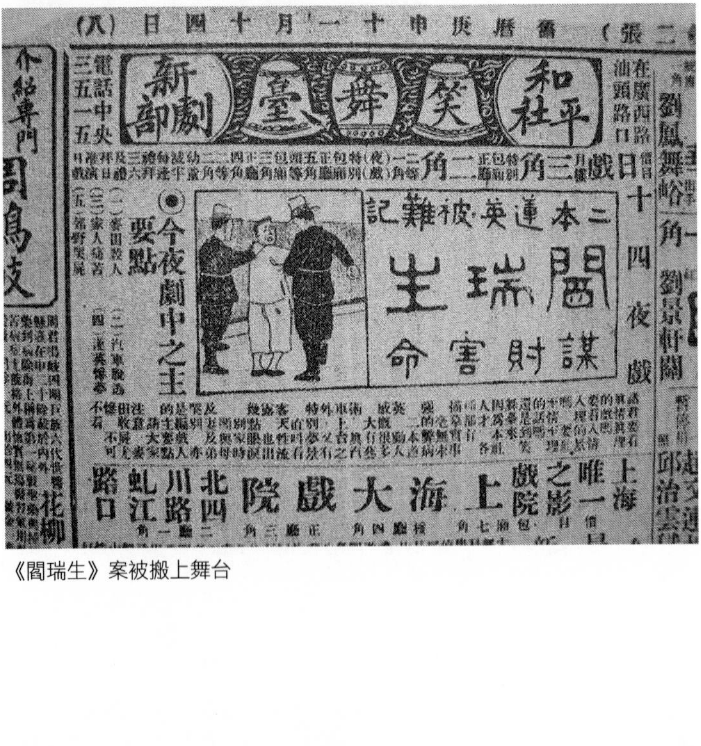

《閻瑞生》案被搬上舞台

燙頭髮

自從婦女剪除髮髻以後，過了兩年，又盛行燙頭髮起來。現在的摩登女郎和時髦少婦大都將頭髮燙成水波浪式和螺髻式，以為美觀，此為最普通的燙髮。更有一班舞女將頭髮左右分開，燙得筆挺，好像一隻蝴蝶躲在項上，她們以為美觀極了，且不這樣燙法也不成其為漂亮的舞星。

燙頭髮有自己燙的，有請教理髮師燙的，用一根鐵製的抴子，先在火酒上面燒熱後，繼在頭髮上面橫捲豎撩，手續很是麻煩。並且前年有一個電影從業員浦驚鴻女士，因為自己燙頭髮，撥翻火酒，火著衣服，毒焰攻心，就此喪卻一條寶貴的生命。事出以後，《新聞報》記者嚴獨鶴先生曾經做過一篇談話，切勸一班摩登婦女不要再燙了，以免發生意外的危險。但是輿論的制裁一些不生效力，大有死儘管死，燙仍舊燙，死脫一個有什麼要緊，燙頭髮是摩登中萬萬不可缺少的要素。

到了現在，不但女性要燙頭髮，凡顧影翩翩、自命摩登男性的也都要燙得光亮捲曲，那麼一來，理髮店裡主人翁又多做著幾筆好生意。理髮店的玻璃窗上現在都粘著「男女燙髮」四個大字，作者瞧，起初有些疑惑，意謂鬚眉男子燙什麼發呢？後來一打聽，才知道摩登青年也有燙頭髮的新花樣。

自從「新生活」開始以後，最高當局曾通令禁止婦女燙髮，現已嚴厲執行，此亦挽救澆風末俗的善政，希望青年男女不要再摩登了，快快覺悟吧！

年紅燈

年紅燈（一稱「霓紅燈」）的裝置，現在已大盛而特盛了，一條南京路上的大商店，差不多已家家裝置，其次是影戲院和大飯店也都裝置了。每天到了晚上，耀人眼簾之年紅燈竟至觸目皆是，這種燈的科學名詞叫「氖光」，光度極強烈射眼，商店之裝用此燈，取其使人容易注意到這爿商店。現在除掉紅色以外，還有綠色和藍色等分別，並有旋轉流動的、開合的。裝置年紅燈的公司起初由西人創辦，現在由華人經手裝置的也有多家。人們做喜事或祝壽，廳堂中央也有臨時裝用年紅燈的大「喜」字和大「壽」字，取其漂亮，故目下的年紅燈可謂已盛極一時了。

桂花

滬人口中，要說出一種蹩腳而起碼的東西，都可用「桂花」兩字代表。譬如說「桂花寡老」或「桂花律師」，即是表明蹩腳的女人和起碼的律師，至人們為什麼要用桂花來形容一種壞劣東西，實在難以索解。

桂花在花卉中，雖不能比牡丹的香豔和菊花的傲霜，也非平常賤花。按產桂最多地方在廣西，故廣西稱桂省。桂有鷄桂、金桂、銀桂、丹桂、肉桂等分別，肉桂之皮名曰「桂枝」，可作藥材。其他桂花可以連枝插入花瓶，供擺案頭，能使馨香觸鼻，沁入心脾；用糖醃之，又可充作香料。如此說來，桂花也是名貴而有用的東西，今比喻為起碼的植物，豈不要使桂花叫屈嗎？

跑狗癮

有許多愛好玩耍的上海人，對於跑狗的興趣真是非常的濃厚，到禮拜三、六的晚上，非去一趟不可，賽過抽鴉片煙一樣，不去是不能過癮的。於是上海人除掉大煙癮、嗎啡癮、麻雀癮、跳舞癮、回力球癮、花會癮等等以外，又多了一種狗癮了。

據說狗癮的養成，也需要一種常人所不可及的忍耐性，又要研究一本很厚的賽狗專刊，此層和打花會人熟讀《致富全書》一樣；又要掏出雪白的大洋錢去掉換跑狗場裡專用的鈔票，又要鑒別出場的幾隻狗的行色，再要計算是買位置，還是買獨贏或是雙獨贏，跑得第一；倘使僥倖得中，還要從人堆裡擠進去領獎，手續是夠麻煩了。然而去賭跑狗的人從來沒有過半句怨言，唯一原因只是他們已經染上了狗癮。

在開賽時候，先由一隻電兔在最前面奔跑，許多狗兒在後面追逐，看看像追著的樣子，但老是追不上，不過追雖追不上，希望終是有的。結果呢？許多狗兒出了一身大汗，那只電兔寫寫意意地休息了，這就所謂賽狗。

跑狗場從前有三處之多，（一）華德路之明園，（二）延平路之申園，（三）亞爾倍路之逸園。後來公共租界納稅會西人提議禁止，工部局准如所請，諭令明園和申園停止營業。跑狗場老闆表示不服，曾一度與工部局提起訴訟，結果仍舊維持前議，不許開張。現下跑狗場之碩果僅存的只有逸園一家，因該園地處法租界的亞爾倍路，法租界當局的態度和公共租界有些不同，因此逸園得以照常營業。直到如今，明園結束以後，曾一度改營遊藝場，因生意清淡，不多時即關門大吉，申園則今已改組為足球場了。一般染有狗癮的同志撫今追昔，當有無限地感歎。

么二三式

婦女界穿的衣服，現在越窄小越摩登，穿在身上，不但奶部高聳，而且臀部突出，又著了高跟皮鞋，在路上行走，扭扭嫋嫋，非常的使人注目。這種形態，時人稱謂「么二三式」，象形取義，倒很確切呢！這種妖形異服，在內地各埠已有好幾處嚴厲的禁止了，但是在上海租界上依舊是很多很多，可謂一歎。

揑腳

吾們居在地氣潮濕的上海地方，不論男女多患著濕氣。濕氣之最普遍者，左右兩腳的腳趾縫終年發癢，不過僅僅發癢，本無大礙，進一步的卻要腐爛腫痛，那對不起就會舉步維艱，不能行路了。因此患腳趾癢的人到了浴室裡去洗澡，洗好以後，堂倌就要替你揑腳，真正濕氣濃重的還要叫扡腳匠用小刀子來刮上一刮，才覺適意。

凡做堂倌的多會揑腳，究竟這揑腳怎樣揑法呢？浴客躺在榻上，他坐在小凳下，用一條乾毛巾替你抽絲剝繭般在那腳趾縫裡橫揑豎擦，這就是揑腳。濕氣重的人，末了還要用滾開水裡浸過的毛巾燙上一燙，才覺有趣。講到這個玩意，雖屬小道，其技藝卻大有分別，因為工作時候輕重疾徐因人而施（分濕氣輕重之別），能使你感到一種很有趣味的快感。如果技藝不精的堂倌不明輕重疾徐之法，一概亂揑亂擦就算畢事，那非但得不到一些快感，反而要感著不能止癢了。

住在北省高燥地方極少患濕氣病的，但是到了上海連居幾個月後，他一雙尊腳自然而然會癢起來了，到了這個時候去洗澡，非叫堂倌替你捏一捏，就要感到一百個不適意。這是地氣關係，要想免除也沒法免除哩！市上的按摩院，他們本以按與摩為號召，現下因為捏腳的需要，大多數也加上捏腳一門了。

水門汀上告狀

馬路兩邊的水門汀人行道上，常有自稱落難文人，用白粉筆寫了許多乞憐話以求路人布施，而且字跡端楷，文理通順，也有完全寫英文字以冀熟悉蟹行文字的朋友和外國人的哀憐。有人說：「既然有了一手好筆墨，拆拆字、寫寫信也好度日，何必出乖露醜，乞人憐憫呢？」又有人說：「這是他們做生意的一法，那肯棄行不幹呢？」

還有預先用白紙一張寫好落難的經過和不得已而求乞，希望路過君子哀憐佈施，這種告狀式的求乞男女都有，更有同了一群小孩跪地哭泣的。這其間真正落魄異鄉的人未嘗沒有，不過是少數而已。

拉一把

人們坐了人力車經過蘇州河一帶的盆湯弄橋、天后宮橋、老閘橋、垃圾橋，車子剛上橋堍，常有蓬首垢面的乞丐一手握住車杠，口裡嚷道：「拉一把。」等到拉到橋面，他就伸開五指索錢，並道：「老闆，一隻銅板小意思。」嘮嘮叨叨，絮聒不休，倘不給銅板，他又撅著嘴嘰咕而去；如係女流，不給他錢常常破口謾罵，出言污人。他們有壯丐，有小丐，還有女丐，每天早晨七點起至晚上一點止為他們規定的工作時間。

專做外國生意的乞丐

乞丐，滬諺謂之「癟三」。說到癟三，他們也分幫乞討，如沿街募化咧，橋面拉車咧，頂梢乞錢咧，地上告狀咧，形形色色，到處可以瞧見的。還有一種乞兒，既不沿街募化，也不橋面拉車，專門鵠立在各大百貨公司和各銀行門口，瞧見西婦出門，他就立正行了一個深鞠躬禮，口中「密斯」長、「密斯」短一陣嘮叨，得了錢始逡巡而去。這種乞兒居然能說幾句洋涇浜話，能夠在外國人面前用一些兒功夫，倒是一位未來之外交家。呵呵！

趕豬玀

人們在路上行走，常有乞丐跟隨後面索錢，絮絮不休。每到夏天，他們都手持一柄破蒲扇，在後面替人扇風，倘不給錢必跟蹤不已，滬諺目此輩乞丐為「釘巴」。他們也有隱語，名叫「趕豬玀」，每天工作完畢逢到同道中人，互相詢問道：「今天趕著幾隻豬玀？」人們給了錢，還得了一隻「豬玀」頭銜，豈不可惡麼？

殺豬玀

到了冬季時候，必有一班流氓地痞，或三四人合一群，或七八人為一組，手拿著利刃手槍（也有拿假手槍的），在那荒僻冷靜地點候著。遇有踽踽獨行的人，他們就突然圍攏來，將你身上衣服、囊中錢鈔一箍腦兒的搶去，只剩了一身單衣，然後縱你回家。倘使不願被搶，稍予掙扎，他們就毫不客氣地使出野蠻手段來，或戳你一刀、放你一槍，甚至死於非命的也有，這就叫做「殺豬玀」。

天氣越冷和年關迫近的時候，殺豬玀的凶劇越是發生得多。二三十年前不但無此類把戲，也無此種名目，但是到了現在已成為司空見慣、無足驚異的慘聞，也是世道日非，荊棘滿途的象徵。

拿開銷

每逢紅、白（即喜事、喪事）兩事和新店開張之際，近處的遊民（他們自稱「本街弟兄」）必來討取喜金和酒資，名目叫「拿開銷」。至數目的多寡，沒有一定成規，要看做紅白事的人家場面大小怎樣、店鋪範圍怎樣和給錢人的手面怎樣而後定。這種不正當的老規矩沿到今日仍舊不能革掉，倘使一錢不給，他們不但羅唣不休，並且預備種種惡作劇的事來對付，能使你焦頭爛額，哭笑都非。

講斤頭

人們或做了一種違犯國法之事（如聚賭、販土等等），倘使被白相人知道了（白相人即流氓），就要和你過不去，進行他們所謂「講斤頭」生意了。小事情軋到你茶館裡，大事體誘到你旅館裡，雙方大開談判。談判結果，須拿出大洋鈿來開銷開銷，才可平安無事。倘使當事人挺硬，堅決不肯破費分文，他們最後的對待，不是剝去你衣服必定毒打你一頓，才一哄而散。

賞光券

戲園子裡的案目（他們自稱「接業」）朋友，每年到了年節邊，他們必向熟識的主顧兜銷一種「賞光券」，券上的價目比較定價必增多一倍。譬如該園戲價，花樓花廳每位一塊錢，賞光券上必增加兩塊。老主顧情面難卻，只好認購若干張。此種風氣沿習到今，已歷多年。其實什麼賞光不賞光，拆穿說之，就是打抽風而已。

海上戲園規矩，人們去聽戲大都由案目引導，鮮有自己買票的。如稍有聲譽和場面闊綽之人，對於戲資不須現付，只要寫明姓氏住址交給案目，過了幾天他們自會來收。這樣幾回一來就認識了。當場不付戲資，便當是很便當，漂亮又很漂亮，不過到了年節邊，幾張含有抽風式的賞光券就要送進門來，不怕你不答應。

戤牌頭

社會上經營一種違法的生意（如煙館、賭場之類），必有一戤牌頭人代替撐腰（又叫「撐頭」，即保鏢之意）才可平安無事。做撐頭人，在社會上必具著相當的潛勢力才可擔任。否則撐頭不硬，哪一天有了事故，弄得坍臺和鴨尿臭的也很多哩。

常常聽見甲、乙兩人相罵起來，甲道「你戤啥人牌頭這樣吃鬥」（滬諺謂兇暴之意）的一句問話。

兜得轉與跑得開

吾友瞿紹伊律師說，在上海立腳的人，上中下三等人物都要有相當的交情，做起事來才能夠兜得轉與跑得開。這句話的確是經驗之談。所說上中下三等人物，像那達官巨紳、社會聞人、律師、醫生和警捕偵探及白相人等概須認識幾個，偶然觸起霉頭來，才不致意外吃虧。因為謀食海上，無論如何小心謹慎、安分守法，常有「閉門家裡坐，禍從天上來」的是非，到了那時，才知兜得轉與跑得開之可貴呢！

綁匪

前幾年綁票剛剛發現時候，只有嵊縣一幫，現在差不多已有十幾幫，如山東幫、淮揚幫、浦東幫、太湖幫等分別。且大幫之中有中幫，中幫裡邊分小幫。幫派既多，人數又眾，而資產階級的富翁更覺栗栗危懼，不能安枕了。

據說，大幫的組織十分完備和嚴密，破案很不容易，報紙登載的已破各綁案都屬於中幫、小幫一類。

白相人嫂嫂

社會上有一種婦人，人們暗地裡都喚她一聲「白相人嫂嫂」。究竟這種婦人是怎樣一等人呢？就是能夠在社會上兜得轉、跑得開，而且又能說話，又能謾罵，又能打架，須具有這幾種才能和資格才叫得響一聲「白相人嫂嫂」。

有幾位女大亨，也摹仿著男聞人的廣收女弟子，擴充她的勢力和充她的爪牙。

捉蟋蟀

電車廂裡和茶館裡邊，常見一班窮朋友跑來，彎腰曲背恭恭敬敬的拾取香煙屁股，他們的術語叫作「捉蟋蟀」。拾滿了一罐，拿到香煙攤上換錢用，據說勤勤懇懇的每天也有四、五角錢利益。這種生意也在三百六十行以外，並且漢口地方，從前有過一個窮朋友專靠捉蟋蟀為生活，省吃儉用，過了二、三十年後，居然成為了一位富翁。這豈不是「大富在於天，小富在於勤」的一個鐵證麼？

三光黨

這個三光黨，並不是日、月、星的三光，是吃光、用光、當光的三光。「光」字的意義，就是完的代名詞。這種人既抱了三光宗旨，都不務正業，專門在那詐欺上面用功夫，得了金錢就實行三光，等到完了再去想法，周而復始，循環不絕。可是社會上意志薄弱的男女，一天碰到了三光仁兄結果或至破家蕩產、失節喪命也未可知。考查他們的行為，就是變相的拆白黨。

頂呱呱與硬綳綳

「頂呱呱」與「硬綳綳」這兩句話，是廣東人的口頭語。「頂呱呱」是表明美好的意思，「硬綳綳」是表明真不二價的意思。因為廣東人做生意最喜爽直，說一是一。廣東商店的價目又是劃一不二，足當「老少無欺」四個字，非若江浙幫和其他的商店，牽絲攀藤，討價還價。

抛頂宮

人們帶了呢帽或草帽，坐在電車廂裡，車窗又開著，每逢車子駛行遲緩時候，頭上帶的帽子常常被人搶去，等到察覺，車已駛過一程了，只好付之一歎，個中人叫作「抛頂宮」。以故老門檻人到了車廂裡邊，先將帽子摘下，拿在手裡，他們才無法施行其搶劫伎倆，你也可以保險著太平沒事。

買戶頭

有一種詐欺之徒，常常虛設了某某洋行或某某綢緞店，印好幾萬張五色繽紛的目錄單，又說舉行什麼開幕紀念，或是擴充營業、推銷貨色等花言巧語，而且定價又十分廉賤。將許多目錄一張張地從郵局寄到各省各埠去，外省人士收到後，誤為海上真有這家洋行和這爿綢緞店舉行開幕紀念與擴充營業，因為貪圖便宜起見，就此匯款郵購。不過款子寄出之後，如石沉大海，永遠得不到什麼便宜東西和便宜綢緞。過了許久，再託旅滬親友按址前往調查，但他們虛設的洋行和綢緞店，早已無影無蹤不知去向了。

但是說也奇怪，外埠人口的姓氏住址他們怎樣能夠知道？一經說穿，並不奇怪。因為他們預先向某大藥房或某大書局用重金向管理留底薄的職員，祕密叫他抄寫一份，然後按址抄寄。這種勾當，他們叫「買戶頭」。買好了戶頭，再犧牲一些小費，即可騙到多數金錢，以飽其私囊。現在上當人雖多覺悟，但是中國之大，戶頭之繁，今天張三上了當，明天又挨著李四倒楣，周而復始，永無盡期。唉！

買爛東西

「買爛東西，買爛東西」（即收買舊貨者）的聲浪在街頭巷尾是天天聽得到的。他們挑著一付籃擔子，像穿梭般的跑來跑去喊買，不論碎玻璃、破衣服、空料瓶、舊報紙、舊木具、壞鐘錶以及破銅爛鐵，只消價錢便宜，他們都要收買。且一方面買進來，一方面立可賣出去，各有各的銷路。這種小經紀人眼睛最凶，門檻極精，常常以少許本錢買進來，停一會兒就可賺到幾倍的利益，故人們都叫他一聲「舊黑心」。

賣長錠

每月到了舊曆三十和十四兩天晚上，街頭巷中常聽見「長錠要麼，長錠要麼」的聲浪，像穿梭般的喊叫。賣長錠的人都是相近上海鄉間的婦女，也是她們一種副業，自己製造，自己喊賣。至長錠的內容，用錫箔和紙相間製成元寶式樣，更用紗線穿綴而成長串，故名「長錠」。又因滬人歡喜迷信，到了三十、十四兩夜買一串燒化，他們說，就有半個月的吉利希望。故鄉間婦女投入所好，已成為一種固定的副業。

賣性照片

福州路（即四馬路）各弄堂口常站著一班老槍式之小販，鬼頭鬼腦的東望望西瞧瞧。路過的人偶然瞪他一眼，他就馬上跟上來，輕輕地說：「喂，……先生，阿要買一套最新的春宮玩玩？」你如果存心交易，他就領你到弄堂裡，可以看貨和講價錢。有時失了風，被警探捕去懲辦，已為常有之事。但是懲辦儘管懲辦，他們的祕密生意仍舊天天的做著呢！

賣冰

每到酷暑時候，街頭巷中常有賣冰的童子手裡提著蒲包，裝了冰塊，邊走邊喊「阿要買冰呀買冰……」。「買冰」兩字喊得非常急促，像是布非切的聲音。一般自命道學先生聽了他們的叫喊，不是掩耳卻走，定要切齒痛恨，以謂這個東西那有沿路喊賣的道理。

賣書畫

福州路西頭三山會館牆上，每到夜間，常有賣書畫者掛滿了堂幅軸對，有書有畫，有今人作品，也有古人遺筆，五光十色，使人目迷，且售價很便宜，虛頭又很多。若輩不在日間做交易，必到黃昏時候才來開張，這是什麼緣故呢？據說他們的書畫都是冒牌贋品，如在青天白日不容易銷脫，故必至夜色迷蒙下才出來做交易。現在這個書畫攤已沒有看見了。

各箋扇店鋪都兼營書畫生意，每件標明價格，憑客揀選。

賣經

各里之中，常有人一手拿著小包子邊行邊喊：「《高王經》要嗎」，「《金剛經》要嗎」，「《大悲咒》要嗎」，「《心經》要嗎」。這一項就是賣經的生意。他們都自稱佛門弟子，常年茹素不知肉味的，小包子裡滿貯著一疊黃色紙張，上面又用朱筆點滿小圓圈。譬如有十個紅圈即算十卷經懺。但究竟是否一卷一卷的念上去，抑或隨意亂點，那是無從查考，只有佛門弟子自己知道罷。

撈錫箔灰

「撈錫箔灰」四個字是滬語詈人攫取非法金錢的形容詞，豈有真的去撈錫箔灰嗎？不過到了目下，這種事情的的確確實有其事了。滬人夙崇迷信，每到舊曆十四、三十兩天晚上，大都買幾串長錠，在門前焚化以示媚鬼求利之意。這兩天晚上，必有人手拿小畚箕和小刷帚，沿門亂跑，見有焚化長錠者，火焰未熄，他們就老老實實一箍腦兒的刷進畚箕裡去。等到工作完畢，他就集攏來去換錢。鬼用的錫箔灰變了人用的金錢，這就是他們「撈錫箔灰」的特別生財之道。

拾荒

每天到了黃昏深宵的時候，在那里巷間，常有衣衫骯髒之徒一手執著小玻璃燈，火光如豆；一手執著竹夾，背荷空筐，或在沿途檢取竹頭木屑，或在垃圾箱裡彎腰曲背，掏尋破布零紙等東西，男女都有。摸得各物，稍事整理，即向舊貨攤上換易現金，聊資生活。此種在三百六十行以外的職業，名叫「拾荒」。不過他們的目的，除掉零碎雜物以外，還有希望遺針墮簪和花綠鈔票的意外橫財呢！

上海人口中之老字

什麼「老」、什麼「老」已成為上海人的口頭禪，今略記數句在下面。如說鬼曰「赤老」，說女人曰「寡老」，說女媪曰「老蟹」，說女媪搔首弄姿曰「老騷」，說妻室曰「老婆」，說熟悉各種門檻曰「老白相」，說男子曰「胡老」，說瞎七搭八曰「老三老四」，說人死曰「談老三」，稱店主人曰「老闆」。「老」啊「老」咽已成為上海人的口頭禪。

寧波人口中之阿字

寧波人即「阿拉」，「阿拉」即寧波人。這「阿拉」兩個字已可代表寧波人了。故寧波人叫起人來，都以「阿」字上前，如「阿哥」、「阿弟」、「阿妹」、「阿大」、「阿二」、「阿三」……都熟極而流，脫口而出。它如「阿拉」長、「阿拉」短、「阿拉舍希」尤為寧波人的口頭禪，只消聽見某人談話中夾入「阿拉」兩字，就可以知道他是的的括括、十足道地的寧波人。

算命

沿街奔走的算命先生約有兩種：一種是半盲半明的男女，手裡挾著小鑼和弦子，邊走邊敲邊彈。他們因為半盲半明，走路不大方便，故必另有一個扶著同行。一種是手裡不拿什麼東西的非盲者，邊走邊喊「算長命……」、「二百鈿」。前一種的籍貫各處都有，後一種的都屬寧波幫。彈弦子和敲小鑼算命，代價比較寧波先生昂貴，每命起碼小洋兩毛，至少一毛。

他們的目的，不在乎區區的算命錢。忖度你是愚魯一流，他們往往故神其說，妄言今庚流年不利，某月星宿不好，需要當心，如欲轉禍為福，必須禳解禳解才可消災免厄。信口開河的亂說一陣，說得你心裡活動了，他們的生意經就此成功。齋齋星宿、禳禳晦氣，他們都可一手包辦，其代價金必在十元以下或十元以上。

還魂煙

在茶館裡、電車上，常有一班衣衫檻褸、跣足短褲的苦同胞，俯著頭、彎著腰，做他捉蟋蟀（即拾香煙屁股）工作。拾滿了一袋或一罐，賣到煙攤上去。煙攤上收攏來，分別優劣，條分縷析，重新捲成香煙，分別出售。這種紙煙，俗呼「還魂煙」。

煙攤都擺設在法租界自來火街和染坊弄兩處最多。攤主人雖說是做一種生意，卻是須用水磨工夫，並且憑著銳利的眼光，分得出煙屁股的優劣，然後製成還魂煙，也是一項廢物利用的買賣。

刺花

市上的老弟兄（即白相人自稱），他們的胸口兩臂都刺了花，如山水人物、花草果木、飛禽走獸，樣樣都有。花是青的，肉是白的，刺上了花格外使人耀目。又如做了老弟兄，倘不刺花即要失卻他的資格一樣，更有白相人嫂嫂也刺上了一些，表示她的尊嚴。

十幾年前，租界當局曾有一次下令大捕刺花弟兄，不論你犯法不犯法，瞧見臂上刺了花，立刻捉到捕房裡去。這般老弟兄就此躲的躲、避的避，嚇得屁滾尿流。如一時不能躲避的，更訪求醫生，請他除掉。可是這刺花玩意一經刺上，很不容易的消滅，故此弄得血肉模糊，皮膚慘裂。

其實刺花的事，是船上海員起的頭。因為吃海員飯者，不幸逢到禍變溺死大海洋中，等到撈起卻都腐爛，不易認識真面目。故預先刺了花，作為親友家屬認識的標準。後來不知怎樣就傳染到早吃日頭夜吃露水的老弟兄那邊去，實在有些莫名其妙。

吃講茶

下層社會中的群眾們，雙方每逢口角細故發生，必邀集許多朋友到茶館裡去吃講茶。怎樣叫「吃講茶」呢？就是雙方的曲直是非，全憑一張桌子上面去審判。倘結果能和平解決，由一和事老者將紅綠茶混合倒入茶杯，奉敬雙方的當事人一飲而盡，作為一種調和的表示。更有談判不能解決，結果或許訴諸武力，以茶館為戰場，坐凳、茶碗作武器的也是常有之事。這種吃講茶的原因以男女間之祕密和金錢的關係為最多數。

各家茶館都懸著一塊「奉諭禁止講茶」的小木牌，這是茶館老闆預防惹事生非的一種表示罷。然而碰到吃講茶的朋友來了，這「禁止講茶」的效力就等於零了。

揩油

揩油名目，雖為不正當的舉動，但是在社會上已經成為普遍的現象。什麼叫「揩油」呢？分開來說約有三種：其一，譬如你掏出一塊錢叫僕役去買東西，他只買九毛錢的物，暗中賺去一毛，此謂揩油；其二，譬如一人在工作時候，偷偷的出來玩一陣或休息一回，也是揩油；其三，譬如不出代價的得到一張遊券和一件東西，也叫揩油。總之揩油者，包括「取巧」、「貪小」、「偷懶」六個字在內。

這個不正當的舉動相沿下來，已有很久的歷史，如果欲矯正一下也沒法矯正。譬如第一項僕役揩油，不論老司務、老媽子以及茶房侍役，他們去買東西老實不客氣的都要揩一揩油，才覺心滿意足。不過心平的揩得少，心狠的揩得多。你要禁止他們不揩油，除非你件件自己出馬，才好革除。否則沒有別種方法禁止，只得眼開眼閉的任他去揩了。

儲蓄騙

自從儲蓄有獎之法施行以後，民眾方面不能明瞭其利弊，都踴躍加入，希望得到可望而不可得之巨獎，至於成敗利鈍則不暇計較。主持人又利用民眾僥倖貪小的心理，花言巧語，大事宣傳，於是受害者已不可勝數了。

如果按照有獎儲蓄章程，不欺不騙，切實辦理，到期還本，公而無私，還可使人原諒。不料開辦有獎儲蓄者除少數靠得住外，其他都別存欺心，以故毫無結局。已經倒閉之有獎儲蓄會，如東方儲蓄、東亞儲蓄、遠東儲蓄、蘇州銀行等數家，都先後倒閉鉅款。儲戶方面因受此詐欺心不甘服，曾一再提起訴訟，奈負責人均逃之夭夭，結果則不了了之。最倒楣的實為多數的零碎儲戶，犧牲了許多汗血錢存儲該會，本欲積少成多，希望日後得到一筆整款，不料主持人欲壑已飽，遠揚無蹤，到此只有飲泣吞聲而已。

東方仿萬國辦法，主持人某甲本萬國舊人；東亞專吸收外埠小儲款；遠東辦法又狡，用計更毒，因它發給儲戶的儲蓄證，只繳一次現款，即可月月有得獎希望，滿了五年仍舊還本。期限短、手續便，故貧民方面趨之若鶩，誰料一轉瞬間又捲款倒閉，害人無窮了。

將貧苦民眾的汗血資供給不法之徒，造洋房、買汽車、娶美妾的揮霍，儲蓄為名，侵吞其實，置社會經濟於不顧，儲戶汗血於度外，論情論法，兩不可恕！

儲蓄本是一種美德，實有提倡和實行的必要，但是障礙如此，殷鑒如彼，使人無所適從呢！今後宜摒除有獎儲蓄的妄念，快快選擇夙有信譽、殷實可靠的銀行為一種復利的儲蓄，才不致上其大當，重蹈覆轍。

最可笑的，東方破產時，捕房派員到會檢視，在那大鐵箱裡搜查，只有三塊幾角現洋和一堆不值錢的紙片。不知那幾十萬大款子到那裡去呢？唉，儲蓄騙！

孵豆芽

「孵豆芽」三字是衣衫沒有，鑽入被內不能出去的形容辭。如豆之隱在柴草間，還未出芽呢。不過孵豆芽也分兩種，一種是臨時的，一種是永久的。臨時的如一班胡調青年，出門時候衣帽翩翩，很像一個濁世的佳公子。到了外邊，忽而吃光、賭光、用光，弄得衣衫襤褸，不敢露臉，恐傷體面，權且到旅館去借宿，以待救濟。還有一種永久的，是早吃太陽、夜吃露水的起碼遊民，聚集了三四人，以小棧房作家庭。他們不但衣衫不完全，而且常常把褲子當掉，兩人或三人合穿一褲，沒褲的人躲在床上酣睡，有褲的人出去想法子，弄到了錢再去派用場和替換穿褲。

兩個半滑頭

人們都說上海灘上是一個滑頭世界。的確，眼見全社會充滿了狡猾的氣象，有了滑頭本領才可以張牙舞爪、耀武揚威，才可以創家立業，自利害人。滑頭的好處有如許之多，莫怪上海人都在那「滑」字上用點兒功夫。呵呵！

再說海上頂著名的兩個半滑頭是誰？據說一係某藥局孫某，曾出賣什麼精什麼精，因此而大發其財源；一係某廟道士；還有半個是半盲半瞽、天天裝神弄鬼、專門欺騙婦孺之口天先生。至最近拆了大爛污；嗚呼哀哉的草頭老班卻不在其內。某道士的滑術神通能使善男信女一致信仰，焚香禱祝，廟門如市。每逢朔望，尤為男女雜遝，摩肩擦背而來，數十年來未見衰敗。這魔力多麼的偉大呀，實在是道法無邊，值得人們的欽佩。

點香燭

「點香燭」三個字並非在庵廟寺觀裡施行，卻在人家屋裡或店鋪裡點燒。凡甲方無故得罪了乙方，雙方糾結不開，由和事老出為排解，吩咐甲方到乙處去點香燭為一種認過與消除糾紛的表示。末更有加上一串鞭炮，霹靂拍拉亂響一陣，雙方的交涉才算完事。

某國浪人

「浪人」即無正當職業遊民的代名辭。不過說也奇怪，浪人的出產地多在某國，而滬上歷次破獲的犯法案件，都有某國浪人在那裡作祟。如假造鈔票案、私印舊曆案、私鑄銀幣案以及其他的一切一切，吾國浪人做起作奸犯科來多牽涉某國浪人。唉！某國浪人，天下種種罪惡皆借你的大名以施行了。

又如「一二八」滬戰一役，某國浪人更為活躍，手持武器分布虹口一帶，見物即拿，見人即打，見婦女即調笑。路人雖側目，然均畏其兇焰，都不敢和他計較。唉！

叫火燭

到了寒冬時候，在深夜裡，常見有人拎了一盞燈籠，一手拿了支竹筒，邊敲邊喊道：「火燭小心……冬天日燥，河乾水淺，前門撐撐，後門關關。」這一種聲浪在街頭巷中都可聽見的，名叫「叫火燭」。他燈籠上面的「火」字顛倒粘著，不知是何取義，或謂促起人們注意之故。他們到了大小月底，挨家逐戶去討取幾隻銅板，以作叫火燭的代價，其實是一種冠冕的「討飯」罷了。

樹上開花

這「樹上開花」四個字並非真的指樹木上會開花。譬如甲方有樁事件，自己幹不來，請人代幹一下子，事先聲明所有公費和酬勞，甲方不給分文，等到事件勝利以後，即在甲方所得的利益內提出若干成給與代幹者，這就叫作「樹上開花」。這一類事，以錢債案件最多，如請律師代索款項，或請強有力者包討欠債，統名「樹上開花」，這是屬於正當的。

還有不正當的。例如某甲私底下幹了一樁違法事件，被某乙偵知，報告某丙、某丁等群向某甲強索錢鈔，不允則宣揚出去，以作要脅地步。惟某乙也事先聲明，須得到某甲錢鈔後提出若干成，作為某丙、某丁等酬勞，此類事也叫作「樹上開花」。不過某甲犯法，自有國法來制裁，今橫被不相干的某乙、某丙、某丁出來干涉和強索錢鈔，也是違犯詐欺錢財之罪了。

抄把子

華、租兩界警務機關方面，因鑒於匪徒的橫行、煙毒的蔓延，為預防界內安寧，肅清毒害起見，常有檢查行人之舉（俗呼「抄把子」）。倘使身藏不捐執照的槍械和煙土、煙泡、嗎啡、花會紙等違禁品，一經察出，概須拘解法院，依法懲辦。起初施行檢查時，坐汽車人及婦女們卻免搜檢。後來因為坐汽車的闊客和婦女也多匪徒混入其內，今早已不分貴賤，都一律搜查了。婦女們向不檢查，自發覺私藏違禁品後，特地僱用一班女偵探也從事搜檢了。

行人或坐車人每逢探捕喝阻搜檢時，應聽其所為，這是他們的公務，依法執行。如果意存恐懼，或拔腳奔逃，或反抗搜查，這就是畏罪的表現，並且是違法的，是不應當的。記得兩年前，在寧波路天津路之間搜查行人時候，某店的小主人目睹探捕蜂擁而來，恐懼萬狀，忽然拔腳飛奔。探捕誤認盜匪，扳機射擊，就一彈洞穿，僵臥不起。這是完全自取其咎，只好白白送掉性命。

空頭支票

銀行和錢莊所給予存戶的支票，在銀錢業方面負著收付的義務，在存戶方面可以代現金付用，數目多少也可隨便開寫，因此十分便利。但是目今世風日下，一般狡獪之徒竟利用此點，濫出空頭支票以遂其詐欺之計。什麼叫「空頭支票」呢？譬如某甲在某銀行中立有支票戶頭，惟存款早已提完，只存極少數之底洋，仍將支票隨意開寫若干以代現金，向各處混用。等到得票人赴銀行取款，因某甲戶上已無款項存儲，當然拒絕付現，這張票子就叫「空頭支票」。

現在銀行中的老牌銀行對於存款人領用支票，第一次存入金額須五百元，至少須三百元，還要有熟人介紹（此熟人和銀行方面有相當信譽者），才肯發給。如到錢莊領用支票，更須熟人負責介紹（譬如要往來若干金額，先由介紹人負責擔保，將來倘使不去結束，即令擔保人如數賠付。因錢莊往來，都屬透支。惟本年起，如福源、寅泰各錢莊，因擴展業務，優待顧客起見，不須熟人介紹，也可領用支票，不過不是透支往採）。至新開銀行和聲譽未著之銀行，對於存戶領用支票很為遷就，第一次存入金額只消滿五十塊，也不須熟人介紹即能給予支票。不過銀行方面為招徠主顧、便利存戶計，也是一樁好意，並非叫你去濫出空頭支票施行詐欺之術。

受空頭支票之害，卻已不可勝數，大抵啞子吃黃連，有苦說不出。也有因支票金額過巨，不得不訴諸法院，以求法律解決。不過到了這個當口，出票人或竟避不見面，或則逃之夭夭，無從傳訊，結果只有得票人自認晦氣而已。故現在商場中往來或個人往來，每當給付支票時，只看這爿店和這個人平日信用怎樣，以定收拒方針。譬如這爿店和這個人素來是信用昭著的，開出來的支票屆期必可兌現，決不會鬧成空頭的把戲，就樂予收用。倘使這爿店和這個人素來視「信」字如兒戲，開出來的支票雖非空頭確有實額，也沒有人敢相信而收用。收款人因金錢關係，不得不鄭重對付，以免吃虧。

還有一種歹人，糾集了同黨，自己臨時開設一家滑頭錢莊，專門將空頭支票和空頭「本票」（錢莊自己所開出來的名曰本票）到各處去騙取貨物。收票人以為該莊自己所發的票子決無空頭之弊，都收用了。等到到期去兌現，這爿錢莊已經倒閉，騙子也早已遠溜無蹤，不知去向，收票人只有徒喚奈何。這種計畫周詳的滑頭錢莊，未關當口，瞧瞧它的外狀，像煞一家堂而皇之的金融機關，故人們容易上它的當，其實它的內幕是一座空城計式的錢莊罷了。

假鈔票

各銀行所發行的鈔票，已屢次發現偽鈔。在一般婦孺和民眾，偶不經心，得到此項偽鈔後，不但平空犧牲了一筆損失，有時還要受著無辜的牽累，真可說是冤哉枉也！

製造偽鈔的匪徒們只知自己想發橫財，不顧賊害人群，擾亂金融，真是罪不容誅。但歷次破獲的偽鈔機關，十椿中卻有九椿有日本浪人在內擔任重要角色，這也算是親鄰善仁之道嗎？

昨據友人告訴我，去年北平市上也曾發現過偽鈔，不過他們不用機器仿造，是用化學作用影印的。先將真鈔一張，票面上先塗著藥水，然後用大小厚薄和真鈔一樣的素紙鋪在上面，用力壓之，而真鈔之花紋顏色完全顯出，絲毫無二。後來混用過多，發現了相同號碼的偽票多張，才揭破黑幕，破案懲辦，但民眾方面的受害已不在少數了。

還有中央各銀行所出的輔幣券（即角票），也有假造的，作偽之徒可謂無孔不入，無假不有了。

假銀幣

假銀幣也是匪徒所作偽，而假銀幣中約分四種：（一）夾銅，（二）純銅，（三）藥水，（四）銼邊。據說夾銅和純銅須大規模的祕密製造，其他藥水與銼邊是小錢莊歇夥和銀匠店歇工所作偽。藥水銀幣是用一種吃銀藥水，將好銀投入藥水中，數分鐘後取出，銀幣上即少去一層，後來這銀屑沉入水底，如一塊的投進去，集少成多，他們就可如願以償，達到非法取財底目的，可是好銀幣上都減少分量了。至銼邊作偽，只用一把銼刀，在那銀幣邊上磨挫銀屑。不過好好銀幣經過磨挫後，因分量已輕，兌換起來又要損失貼水。可是作偽者只知達到自利的願望，其他一概都不顧及。夾銅與純銅稱假銀幣，藥水與銼邊只可稱為劣幣，因它仍可換錢，不過兌換店裡老闆多得些額外的利益。

假輔幣

市面上除假鈔票假銀幣外，還有一種假輔幣和劣幣（滬人呼「角子」）。假輔幣完全是銅質或鉛質做成，幣面上加了一層薄薄的銀屑，即在暗中混用。劣幣有藥水和新造（滬人呼「新角子」）之分，藥水輔幣與藥水洋鈿一樣的成色，至新角子是一種銀少銅多混合製成，其成色和好輔幣一比較就差得遠了。

常有貪得無厭的煙紙店專在新角子上面做功夫，暗中用賤價大部分的收進來（據說一塊錢可購二十多角），慢慢地搭出去，而餘利已大有可觀。這種好生意，在今日情狀之下將成為公開的買賣，且只圖油水可揩，兌換人的受害與不受害，他們都一概不管。

假書畫

一般稗販之作偽者，對於古人書畫，他們都有法子仿造。紙張顏色、鈐記朱印、裝潢格式都可摹仿，遠瞧之和古人真跡毫髮無二。他們拿了在市場上兜攬混售，而門檻不精的買客常常受他們的愚弄。須逢到真正識貨的金石專家，才可以辨得出真贋之別。

書與畫本為雅人深致的東西，不料也有種種黑幕在內，古人地下有知，必要歎息痛恨哩！

又如現代的名書畫家，也有人摹仿他的筆跡鈐記在市上混售，無眼光的人們都要受他蒙蔽。如到扇子店去購求才不受愚，該店有一句口號叫作「包真不包好」，表明書畫是真的，不過不分好歹罷了。

假客氣

一種虛偽的假客氣也是中國人的特色，尤其是住在海上的人們，專門在那「假客氣」三字上用些功夫。譬如有甲、乙、丙三人，預定某天由某甲作東請客，等到吃好會鈔時候，乙和丙必要搶前連說「我來我來」的假客氣話，那怕身邊空空如洗，一隻手也要伸入袋裡作摸錢狀。其實既經預先講好由某甲請客，某丙、某乙可以老老實實的擾他一頓，何必末了還要連說「我來我來」的假客氣呢？

作者在酒菜館中常常瞧見幾位食客，菜也吃飽了，酒也灌足了，臉孔紅得和關公一樣，走起路來兩條腿也不能自主，而且酒氣撲人，聞而欲嘔。等到會鈔時候，四五人不約而同的搶會鈔，害得堂倌圍在核心沒法接受。也有摸出來的洋錙角子灑落一地，叮呤噹啷鏗鏘動聽，在旁人看來有些替他難過，然而他們正得意洋洋的在「假客氣」三個字上用勁兒，那可少此一舉？其他假客氣的玩意還多著呢，不過舉一反三，可以概其餘了。

髦兒戲

二十年前，完全由女伶演唱的戲館，名叫「髦兒戲」。起初都是一種未成年的女伶演唱，故名「髦兒」。到了後來，並不限於幼伶，年長的和年老的都有了。

從前四馬路胡家宅有一爿群仙茶園，是純粹的髦兒戲館。開設很久，著名坤角如林黛玉、陳長庚、紅菊花、翁梅倩輩都在那裡唱過。還有寶善街的丹桂、大新街的大富貴、南市新舞臺舊址的妙舞臺，都是髦兒戲館。丹桂角色，如恩曉峰、張文奎、張文豔、白玉梅、張少泉、牛桂芬均為該園盛極一時的紅角兒。自從男女合演之風盛行以後，這種髦兒式的戲館，已不復再見。現在群仙、丹桂等舊址，也早已改建市房了。

血歷史140 PC0778

新銳文創
INDEPENDENT & UNIQUE

生活在民國的十里洋場：《上海鱗爪》（風俗篇）

原　　著　郁慕俠
主　　編　蔡登山
責任編輯　鄭夏華
圖文排版　楊家齊
封面設計　楊廣榕

出版策劃　新銳文創
發 行 人　宋政坤
法律顧問　毛國樑　律師
製作發行　秀威資訊科技股份有限公司
114 台北市內湖區瑞光路76巷65號1樓
電話：+886-2-2796-3638　傳真：+886-2-2796-1377
服務信箱：service@showwe.com.tw
http://www.showwe.com.tw
郵政劃撥　19563868　戶名：秀威資訊科技股份有限公司
展售門市　國家書店【松江門市】
104 台北市中山區松江路209號1樓
電話：+886-2-2518-0207　傳真：+886-2-2518-0778
網路訂購　秀威網路書店：https://store.showwe.tw
國家網路書店：https://www.govbooks.com.tw

出版日期　2019年2月　BOD一版
定　　價　310元

Printed in Taiwan

國家圖書館出版品預行編目

生活在民國的十里洋場：《上海鱗爪》. 風俗篇 / 郁慕俠原著；蔡登山主編. -- 一版. -- 臺北市：新銳文創, 2019.2
面； 公分. -- (血歷史；140)
BOD版
ISBN 978-957-8924-38-3(平裝)

1. 生活史 2. 上海市

672.098 107019219

讀者回函卡

感謝您購買本書，為提升服務品質，請填妥以下資料，將讀者回函卡直接寄回或傳真本公司，收到您的寶貴意見後，我們會收藏記錄及檢討，謝謝！

如您需要了解本公司最新出版書目、購書優惠或企劃活動，歡迎您上網查詢或下載相關資料：http:// www.showwe.com.tw

您購買的書名：________________________________

出生日期：________年________月________日

學歷：□高中（含）以下　□大專　□研究所（含）以上

職業：□製造業　□金融業　□資訊業　□軍警　□傳播業　□自由業

□服務業　□公務員　□教職　□學生　□家管　□其它____

購書地點：□網路書店　□實體書店　□書展　□郵購　□贈閱　□其他

您從何得知本書的消息？

□網路書店　□實體書店　□網路搜尋　□電子報　□書訊　□雜誌

□傳播媒體　□親友推薦　□網站推薦　□部落格　□其他________

您對本書的評價：（請填代號　1.非常滿意　2.滿意　3.尚可　4.再改進）

封面設計____　版面編排____　內容____　文／譯筆____　價格____

讀完書後您覺得：

□很有收穫　□有收穫　□收穫不多　□沒收穫

對我們的建議：________________________________

____

____

____

請貼
郵票

11466
台北市內湖區瑞光路 76 巷 65 號 1 樓
秀威資訊科技股份有限公司 收
BOD 數位出版事業部

（請沿線對折寄回，謝謝！）

姓　　名：＿＿＿＿＿＿＿＿ 年齡：＿＿＿＿ 性別：□女　□男

郵遞區號：□□□□□

地　　址：＿＿＿＿＿＿＿＿＿＿＿＿＿＿＿＿

聯絡電話：(日) ＿＿＿＿＿＿＿＿ (夜) ＿＿＿＿＿＿＿＿

E-mail：＿＿＿＿＿＿＿＿＿＿＿＿＿＿＿＿